プライマリー・グレートネス

幸福で充実した人生のための
12の原則

Primary Greatness

スティーブン・R・コヴィー 著
フランクリン・コヴィー・ジャパン 訳

キングベアー出版

First Simon & Schuster hardcover edition November 2015

SIMON & SCHUSTER and colophon are
registered trademarks of Simon & Schuster, Inc.

推薦の言葉

さまざまな問題や失望など人生の負担が重くのしかかっていて、自分は成功者ではないのだ、とても前進できそうにない、目標達成など夢のまた夢だ、と感じることは誰にでもある。スティーブン・R・コヴィー博士は、『プライマリー・グレートネス』の中で一二の原則を教えている。これらの原則に従って生きれば、人格を磨き、自信を深めて、勇気を出して人生の試練を乗り越え、最高の人生を創造することができる。

二〇〇六年ノーベル平和賞受賞者　ムハマド・ユヌス

『プライマリー・グレートネス』は、お金や権力、社会的名声など一般的に成功の証しと思われているものが、誠実さ、愛、貢献に満ちた人生にははるかに及ばないことを教えてくれる。実際、個人の誠実さこそ、あらゆる成功の土台なのである。この力強いエッセーの中でスティーブン・R・コヴィー博士は、正しい価値観を持たずして価値を創造することはできないのだと教えている。

ペプシコ最高経営責任者　インドラ・ヌーイ

私にとってコヴィー博士の教えは、プライベートとビジネスを構築するための手段になっている。『プライマリー・グレートネス』に示されている一二のてこは、誰にとっても、成功を達成する明確な道筋になる。黄金の知恵が詰まった素晴らしい一冊だ！

マイクロソフト最高執行責任者　ケヴィン・ターナー

スティーブン・R・コヴィー博士の瞠目《どうもく》すべき初期のエッセーには、真の成功の原則、あの有名な『7つの習慣』の種子がある。コヴィー博士は、そのトレードマークである明晰《めいせき》な思考によって、誠実さの重要性、誠実さがもたらす利点を説いている。記憶ではなく想像力を働かせて生きよと、力強く語っている。『プライマリー・グレートネス』は、人生を本当の意味で充実させ、価値ある貢献をして生きるための指針を探している人たちにとって、必読の一冊である。

『モチベーション3・0』『人を動かす、新たな3原則』
『ハイ・コンセプト「新しいこと」を考え出す人の時代』の著者　ダニエル・H・ピンク

『プライマリー・グレートネス』はコヴィー博士が何年も前に書いたものだが、今でも通用する内容だ。プライベートとビジネスにかかわらず、あらゆる人間関係における私たちの行動、他者に対する態度には、人格を磨いて人生を送っていくことを決意し、それを実行しているかどうかが表れる。コヴィー博士はそのことを改めて思い出させてくれる。

ヒルトン・ワールドワイド・ユニバーシティ最高学習責任者　キモ・キッペン

本書に寄せて

ショーン・コヴィー

私の父、スティーブン・R・コヴィーは、子どものころに将来の道が決まっていました。父親がホテルチェーンの経営で成功しており、長男の彼がゆくゆくは跡を継ぐことになっていたのです。

ところが大学卒業後に教壇に立ち始めると、自分の才能をホテル経営以外に生かしたいと強く思うようになりました。自分自身のボイス（情熱、才能、良心が一つになった内面の声）の叫びが聞こえたのです。生徒たちの驚くべき潜在能力を感じとり、それを解き放ちたいという熱い思いに駆られ、何よりもまず教師として生きていこうと決心します。しかし、自分が家業の後継者として期待されていることもよくわかっていました。そこで父親と話し合う決心をしたのですが、父親の本心を知るのがとても不安だったそうです。

ある日、意を決して父親のもとに行き、教師になりたいのだと打ち明けます。すると「それは素晴らしい。おまえなら立派な教師になれる。正直言って、私はこの仕事をどうにも好きになれなくてね」という答えが返ってきたそうです。こうしてスティーブン・R・コヴィーは、大学教授、作家の道を歩み、ついにはリーダーシップ、組織の効果性、家族の分野において世界でも有数のオピニオン・リーダーとなりました。それもこれも、勇気を持って自分のボイスに耳を傾け、自分にしかできない貢献をしたからです。

父は、ほかの人たちも自分のボイスを発見できるように手助けしました。私は、リーダーシップの正しい定義は何だと思うかと父に尋ねたことがあります。父の答えはこうです。「リーダーシップとは、その人の価値と潜在能力をはっきりと本人に伝え、一人ひとりが自分から能力を発見し、発揮したいと思わせるようにすること」そのような定義を聞いたのは初めてでしたが、まさに父を体現する定義でしたから、私は思わず涙ぐんでしまいました。父は生前、私がどんな価値と潜在能力を持っているか普段から話してくれました。父から言われて初めて気づいたものもありました。私は何でもできるのだ、私には達成すべき大切なミッションがあるのだ、そう思わせてくれたのです。弟や妹たちに対してもそうですし、父の周囲にいる人たちには誰にでも同じようにしていました。人は皆それぞれ独自の目的を持ち、誰しもかけがえのない無限の価値と能力を秘めているのだと、父は固く信じていたのです。父は、まず自らが手本を示し、それから言葉で説明する人で、その意味でも偉大な教育者でした。私は父の洞察に深い影響を受けました。父が絶えず私に語っていた基本的な教えの一つは、生き方には二通りある、というものです。本書のタイトルにもなっているプライマリー・グレートネス――第一の偉大さの人生を送るか、第二の偉大さの人生を送るか。

プライマリー・グレートネス——第一の偉大さとは、本当の自分であることです。人格、誠実さ、心の奥深くにある動機と願望です。それに対して第二の偉大さとは、人気や肩書き、地位、名声、名誉、富です。父から教えてもらったのは、第二の偉大さのことは気にせず、プライマリー・グレートネス——第一の偉大さだけに集中する生き方です。また、必ずそうだとは言わないまでもほとんどの場合、プライマリー・グレートネス——第一の偉大さを達成すれば第二の偉大さはおのずとついてくるものだし、プライマリー・グレートネス——第一の偉大さには心の平穏、貢献、豊かで実りある人間関係という果実が内在しているのだとも話していました。そしてこれらの「果実」は、私たちが日頃「成功」とみなしている財力や人気、自己陶酔、贅沢《ぜいたく》な生活といった、第二の偉大さの外在的な「果実」よりもはるかに大きなものなのです。

本書は、父のエッセーの選集です。これまで書籍としてまとめられておらず、あまり知られていないものばかりですが、スティーブン・R・コヴィーを代表するエッセーであることは間違いなく、彼の思想の頂点に位置するものも含まれています。私と同僚たちは、これらのエッセーをぜひ世界中の皆さんに読んでいただきたいと思いました。これを書いている時点で、父が亡くなってから三年が経ちました。しかし本書を読んでいただければ、スティーブン・R・コヴィーの洞察に満ちた声がはっきりと聞こえてきて、あなたの心の奥に浸透していくことでしょう。文章はほとんどオリジナルのままであり、私たちがやったことは、プライマリー・グレートネス――第一の偉大さの人生がどのようなものかわかりやすく伝わるように選集しただけです。これらのエッセーを執筆していた当時、父は『7つの習慣』に取り組んでいましたから、ビジネスの世界や何百万人もの人生を変えることになった「7つの習慣」の考え方の萌芽《ほうが》を再確認する楽しさも味わえるでしょう。

本書は「7つの習慣」を学び直すことにも役立ちます。外的な成功の罠《わな》に陥る生き方から、深い心の平穏、満足、知恵にあふれた生き方へと変わっていくことについて、新たな気づきを与えてくれるでしょう。

今、多くの人が傷ついています。人生を巡る慢性的な問題、不満、失望を抱えています。至るところで人々は意欲をそがれています。そうした病の「治療法」として普及しているものの多くは、表面的な対症療法でしかありません。頭痛薬や絆創膏《ばんそうこう》ではない根本的な治療法は何か、それを本書の中で見つけることができるはずです。私自身もこれまでの人生で苦痛を伴う試練に何度かぶつかりましたが、個人的な経験から言えるのは、父から学んだ原則（本書でわかりやすく示されている原則）のおかげで、家族も私も前に進む勇気と自信を持てたということです。試練にぶつかっても前進し、貢献して、幸福を見つけることができました。これらの原則は、あなたが置かれている状況でも間違いなく効果を発揮するでしょう。

目次

はじめに

第一の偉大さ VS 第二の偉大さ

プライマリー・グレートネス

幸福で充実した人生のための１２の原則

はじめに

スティーブン・R・コヴィーの同僚一同

タイタニック号が最初にして最後の航海に出たとき、木製のデッキチェアは六一四脚あった。乗組員は毎朝、チェアを固定するひもを解いて整然と並べる。乗客はデッキにやってきて、思い思いにチェアの向きを変えて腰を下ろし、くつろぐ。[※1]

しかし、タイタニック号がまさに沈もうとしているとき、デッキチェアを並べ直した人などいなかっただろう。

人生で本当に重要なことをせず、的外れな、あるいは些末《さまつ》なことをするのは、「沈みゆくタイタニック号でデッキチェアを並べ直す」のとなんら変わりはない。

今まさに沈もうとしている船でデッキチェアを並べ直すのは、一番やらなくてもいいこと、優先順位の最下位のことである。

それなのになぜ、私たちはそれを真っ先にやってしまうのだろうか?

デッキチェアを並べ直すのは、現実よりも見栄えを優先し、実質よりもイメージを気にすることであり、それは優先順位を逆行することなのである。

私たちは日頃、そのように行動している。優先順位が一番低いものを一番先にやっているのだ。

その結果は？

目標は達成できない。キャリアで失敗する。家庭は破綻《はたん》する。健康を害する。会社の業績は低迷する。友情にひびが入る。間違った選択のごみの山に人生が埋もれてしまうのである。

一九一二年、一五一二人の死者を出したタイタニック号の沈没は、「安全第二」を最後に回した結果である。船は浮氷原を高速で航行していた。乗客全員を乗せられるだけの救命ボートは積んでいなかった。救命ボートに乗り移る訓練もしていなかったから、災難が襲ったとき、誰もが右往左往するばかりだった。※2

タイタニック号の沈没は、ゲーテの言葉の真理を思い出させてくれる。「大事を小事の犠牲にしてはならない」

どれほど多くの人たちが小事を最優先しているだろう？

陰で悪口を言いながら、本人の前ではいい顔をしていることはないだろうか？

自分にとって一番大切な家族よりも、見ず知らずの他人にばかり親切にしていないだろうか？

自分から与えるのはできるだけ少なくして、もらえるものはもらえるだけ手に入れようとしていないだろうか？

真の貢献（船を救う）から得られる心の平穏や満足よりも、成功の象徴（デッキチェアを並べ直す）のほうに価値を置いていないだろうか？

スティーブン・R・コヴィー博士によれば、第一の偉大さ（プライマリー・グレートネス）とは奉仕の精神がもたらす成功である。それとは対照的に地位や人気、世間体といった成功の象徴は、第二の偉大さである。著名人、一流のアスリート、CEO（最高経営責任者）、映画俳優などの行動やライフスタイルからは、第二の偉大さしかわからない。

第一の偉大さ（プライマリー・グレートネス）は内面の問題であり、人格にかかわっている。第二の偉大さは外に現れるものだ。コヴィー博士は次のように言っている。「第二の偉大さ（才能に対する社会的評価）に恵まれていても、第一の偉大さ（プライマリー・グレートネス：優れた人格を持つこと）を欠いている人は多いものである。人格こそが第一の偉大さ（プライマリー・グレートネス）であり、社会的評価はその次にくる第二の偉大さである。同僚や配偶者、友人、反抗期のわが子との関係など、その場限りでは終わらない人間関係において第一の偉大さ（プライマリー・グレートネス）を欠いていれば、いずれ関係にひびが入るのは避けられない。『耳元で大声で言われたら、何が言いたいのかわからない』とエマーソン（米国の思想家）も言っているように、無言の人格こそ雄弁なのである」[※3]

充実した人生であるためには、第一の偉大さ（プライマリー・グレートネス）が必要である。大きな見返りがなくとも、あるいはどんな境遇にあっても、義務を果たし、誇り、誠実さ、粘り強さを持ち、自己犠牲と奉仕の精神を発揮する生き方である。これらは普遍的で不可侵の原則である。原則は、どこででも、どんなときでも作用する。第一の偉大さ（プライマリー・グレートネス）を達成しないまま第二の偉大さを手にしてもうまくいくわけがない。見かけだけの、あるいは一時的な人気を頼みにした人生は、しょせん砂上の楼閣にすぎない。しかし不変の原則を土台にすれば、充実した人生を築くことができるのだ。

皮肉なことに、第一の偉大さ（プライマリー・グレートネス）の後には、必ずとは言わないまでも多くの場合は第二の偉大さがついてくる。人格の優れた人は他者から信頼されるから、人生で成功する場合が多い。真摯《しんし》な努力がそれ相応の安定をもたらし、ときには繁栄にもつながる。奉仕の精神が周りの人たちの愛と忠誠心を引き寄せる。これらは皆、第一の偉大さ（プライマリー・グレートネス）の自然な成り行きなのである。

もちろん、その保証があるわけではない。人格の良い人だって病気にもなれば不運に見舞われもする。生涯真面目に働いても、経済的に豊かになれない人は大勢いる。しかし第一の偉大さ（プライマリー・グレートネス）を追求する人が味わえる心の平穏と満足感は、第二の偉大さだけをひたすら求め、内面は空っぽの人には決して訪れない。

多くの人が第二の偉大さを成功だと勘違いしている。だから内面の自分自身から目を背け、外に対して自分を成功者と見せることばかり考えている。このような人たちは真の成功者となるための代価を払おうとはしない。努力せずに成功する方法を探そうとする。本当の自分ではないイメージで世間をごまかす。友人のふりをすることもあるだろう。ほとんどの人は、このような行動をとって罪悪感を覚えた経験があるはずだ。

ポジティブな価値観が良い結果をもたらすのと同じで、自己中心、怠惰、優柔不断、不正直というようなネガティブな行動は悪い結果にしかならない。しかし、第二の偉大さがもてはやされる時代には、道徳的な信条よりも世間体のほうが、内面よりも見栄えのほうが大事に思えてくるものである。

とはいえ、原則に従っていなければ充実した人生は送れないのだと、誰でも内面の奥深くではわかっている。ギャラップ社の世論調査によれば、アメリカの成人の九〇%以上が、誠意、民主主義、愛国心、人種や民族的背景の異なる人たちを受け入れること、友人や家族への思いやり、倫理的な勇気、黄金律を学ぶべきだと答えている。※4 いくら社会的には成功していても、それが内面の成功に根づいていなければ真の成功ではないことは、誰でも本心ではわかっている。誰でもわが子には真の成功を遂げてほしいと願う。自分自身に対してもそう願っているはずである。

　この直感は十分なデータで裏づけられている。成功に結びつくスキルや性質を研究している科学者たちは、もはや知力や才能には関心を失い、人格を成功の決定要因とみなすようになっている。

かの有名なペリー・プレスクール・プロジェクトでは、幼児を数十年にわたり追跡し、充実した人生、本当の成果に結びつく要因を抽出した。プロジェクトは一九六五年にミシガン州で始まり、一二三人の幼児の人生を観察した。貧困地区から無作為に選ばれた幼児たちに、「退屈で報われることのない作業に粘り強く取り組み、手っ取り早く満足せず、計画をやり抜くこと」を教えた。要するに人格を鍛えたのである。半世紀後、この幼児教育はしっかりと実を結んでいた。ほかの集団に比べて学校の卒業率ははるかに高く、雇用率と収入は倍、逮捕率、生活保護に頼る期間はともに半分の水準だった。[※5]

　実は、ペリー・プレスクール・プロジェクトの目的は子どもたちのIQ（知能指数）を上げることだったのだが、そうはならなかった。しかし、人格という原則を内面化したことでSQ（精神指数）が驚くほど上がったことは容易に見てとれる。

　コヴィー博士は、内的な人格は才能や知力よりも、あるいは境遇よりもはるかに重要な成功要因であると確信し、世界中の人たちがこの基本の真理に気づき、人生を変えていけるよう手助けすることをライフワークにした。コヴィー博士のベストセラーの本を読んで、あるいは博士の考え方に基づいた企業や政府の研修を受けて、大勢の人たちが人生を変えることに成功している。さらに現在は、フランクリン・コヴィー社の総合的な教育機関向けプロセスとシステム「リーダー・イン・ミー」が世界中の多くの教育機関に取り入れられ、顕著な成果を上げている。生徒は第一の偉大さと第二の偉大さの違いを知り、第一の偉大さの人生を築けるようになるのである。

では、第一の偉大さの原則を身につけるにはどうすればよいのだろうか？　そもそも人格は生まれながらに決まっているのではないのか？　人格を変えることはできるのだろうか？

簡単ではないけれども、人格を変えることはできる。コヴィー博士の教えにもあるように、私たちには自分の行動を選ぶ能力があるのだから、人格は変えられるのだ。人格はレシピのようなものと言えるかもしれない。遺伝子を一カップ、環境を小さじ一杯、運を少々……しかしこれらの材料で何をつくるかは、自分で決めなくてはならない。

成功の鍵は、不変の原則に自分自身を合わせ、原則から外れない行動をとることだ。真北に進みたいなら、コンパスの針と同じほうを向かなくてはならない。少しでもずれたら、真北には到達できない。それが現実だ。現実を支配する原則と成功を支配する原則は同じであり、原則を破ったら、良くない結果になるのは避けられない。

原則に反する行動をしても、少なくともその直後は罪悪感を持たないだろうし、不愉快にもならないかもしれない。研究者が言うところの「チーターズ・ハイ（不正行為の成功の高揚感）」すら覚えるかもしれない。まんまとやりおおせた達成感を味わうのである。税金をごまかしたり、経費の水増しをしたり、陰口をたたいたりすることに満足感を得る人は少なくない。ズルをしない人を馬鹿正直と見下したりもするだろう。※6

しかし他者を傷つければ、あるいは自分を裏切れば、人格に及ぶ悪影響を避けられないことは、ほとんどの人が心の奥底ではわかっている。

節約の原則に反してお金を無駄遣いしたら、貧乏になる。運動や適切な食事など肉体を管理する原則に反する習慣を身につけてしまったら、健康を害し、病気になるだろう。親切にする、他者を尊重する原則を破ったら、友人よりも敵が増えてしまうのはまず間違いない。

もちろん、悪習が必ず悪い結果をもたらすわけではない。しかし蓋然性《がいぜんせい》という冷徹で現実的なレンズを通して人生を眺めてみれば、そうなる確率が高いことはわかるだろう。

現実を支配する原則に議論の余地はない。私たちがどうにかできるものではないのだ。原則を信じていようがいまいが、原則は存在する。それは単純明快な事実なのである。だから、自分を原則の上に置き、原則を無視するのをやめれば、人生で成功する確率は上がっていく。

つまり、まずは自分の人格と動機を見つめることである。そして、人生で成功したいなら、人格と動機をさまざまな原則に合わせなくてはならない。物事を先送りにする、他人を妬《ねた》む、自己中心など、人格の問題点に取り組まなくてはならない。どんな状況でも内面の本当の自分と向き合い、成功を支配する原則に人生を合わせなくてはならないのだ。

コヴィー博士の言う「人生の秘密の庭」に行き、そこで育っているものを確認するのは、そう簡単なことではないだろう。真の原則に従って生きるのは容易ではないが、本当の成功に至る手段はこれしかないのである。

原則はてこに似ている。一人では動かせない大きな岩でも、てこを使えば動かせる。てこが長く、重くなるほど、楽に動かせる。「十分に長いてこと支点を我に与えよ。されば、地球をも動かさん」とアルキメデスは言った。誠実、奉仕の精神、プライオリティというような原則は、実に効果的なてこになる。これらのてこ（原則）を普段から使っているだけで、成功を阻むどんな障害もどかせる。自己中心、被害者意識、真の原則からの「致命的な逸脱」など、人格の欠点を正すことができるのである。あなたが誠実な人間なら、誰からも信頼されるだろう。奉仕の精神を持って人とつき合えば、他人に無関心でいたら得られない多くのものを得られるだろう。最優先すべきことを一番に実行すれば、時間を、ひいては人生を無駄にするという大きな代償を払わずに済む。

コヴィー博士は本書の中で、人生という重要な旅を第二の偉大さに執着する生き方から第一の偉大さにフォーカスする生き方へとシフトする方法を述べている。てこの作用がもっとも働く一二の原則を紹介し、これらの原則を身につけるガイダンスを示している。

- 誠実
- 貢献
- プライオリティ
- 自己犠牲
- 奉仕の精神
- 責任感
- 忠誠心
- 相互依存
- 多様性
- 継続的な学習
- 再新再生

・学ぶために教える

最初のてこ（原則）は**誠実**である。誠実な人とは、裏表のない人のことだ。本当の動機や思惑を隠したりしない。コヴィー博士の言葉を借りれば、「正しい原則と完全に一致している」のである。自分の内面の一番奥深くを見つめ、誠実だと言える目標を掲げてはじめて、本当の意味での成功を手にできる。誠実な目標がなければ、第一の偉大さは射程圏内には入らない。一二のてこ（原則）は、表面的な成功から真の成功へと私たちを導いてくれる。内面の奥底に不誠実さを隠しながら生きるのではなく、自然の原則に人生を結びつけ、自信を持って生きられるようになる。

なぜ「一二のてこ（原則）」というリストになっているのだろうか？

歴史をさかのぼると、多くの賢者が有益な原則のリストをつくっている。アリストテレスの美徳の表、ベンジャミン・フランクリンの一三徳が代表的なものである。現代においては、著名な心理学者であるマーティン・セリグマン博士が、良い人生を築く要因を徹底的に研究し、二四個の人格的強みにまとめている。[※7]

コヴィー博士の一二のてこ（原則）は、長年にわたる深い研究、世界中の何千人もの人々との交流から得た経験に基づいている。彼は、一二のてこ（原則）は基本的で避けられないものであり、一二個はヒエラルキーのようなものを形成していると考えている。先ほど述べたように誠実は真の成功の土台だが、**貢献**（ポジティブな変化を起こし、有意義なレガシーを残す原則）もまた土台となる。そして**プライオリティ**の原則に従って生きれば、薄っぺらな物事が積み重なった厚みの中で道に迷うことなく、その貢献を実現することができる。

自己犠牲なくして、貢献することはできない。**奉仕の精神**を発揮してほかの人たちのためになるには、自分に何ができるかを考え始めると、エゴを捨てることの意味がわかってきて、真の成功を味わえるようになる。

現代社会では、**責任感**の原則はますます脇に追いやられている。成功の責任を負うことに躊躇《ちゅうちょ》する人はいないけれども、うまくいかなかったことを報告するときになると、第一の偉大さと第二の偉大さの違いがはっきりと浮かび上がる。第一の偉大さを身につけている人は他者に責任を押しつけるようなまねはせず、自分の責任を引き受け、前に進むのである。

忠誠心は奉仕の精神から自然と生まれる。献身的に奉仕すれば、公平な人間関係が築かれていく。あなたのほうから他者に対する忠誠心を持てば、相手もあなたに忠誠心を持つようになるからだ。**相互依存**の原則は忠誠心と深く関係していて、重力の法則と同じように、その力は常時働いている。日々の生活の中でとった行動には必ず結果がついて回るのだ。ポジティブな結果に、ネガティブな行動はネガティブな結果に結びつく。他者に対する態度が、そのまま自分に跳ね返ってくるのである。人の信頼を裏切るのは相互依存の原則に反する行為であり、遅かれ早かれ代償を払うことになる。

人生でできる限りの成功を果たしたいと思うなら、**多様性**を大切にする価値観を持たなくてはならない。生物界だけでなく、ビジネス、政治、製品開発などどんな分野においても、自然は同一化することを嫌い、違いを歓迎するという原則を知っておくべきである。コヴィー博士の言葉を借りれば、「二人の人間が同じ意見なら、どちらか一人は不要になる」のだ。さまざまな人たちが持ち寄る多様な強みを尊重し、生かせるようになると、成功する確率は格段に上昇する。

さらに、**継続的な学習**と**自己の再新再生**ができないと、停滞や無気力といった自然の結果に直面することになる。私たちは、運動、読書、大切な人のための時間をつくる、瞑想《めいそう》などによる精神の鼓舞によって、自分自身の再新再生を図らなくてはならない。**学ぶために教える**ことによって第一の偉大さをしっかりと身につけ、その手本となるだけでなく、教師にもなる。

ここで挙げた一二のてこ（原則）は、人生をより快適に、より実りあるものにする。これらのてこ（原則）を使えば、人格が鍛えられ、ほかの人たちへの影響力が高まる。人生の重荷を動かす努力は続けていかなくてはならないが、その努力は無駄にならず、必ず実を結ぶのである。

これら一二のてこ（原則）で成功の原則を網羅しているわけではない。ほかにもまだいろいろな原則があるが、一二のてこ（原則）は成功に不可欠な原則であり、これらのてこ（原則）を動かさなければ、本当の意味で成功することはできない。本書は一二のてこ（原則）を深く洞察し、これらの原則を内面化し、身につける方法を紹介している。

第一の偉大さは、一二のてこを押すことによって得られる自然の結果である。
親切な行為には大きな力がある。
友人を理解すれば、大きな影響力を与えられる。
責任感のある従業員は責任あるポストに就くことができる。
誠実な人は、道徳力が強くなる。

コヴィー博士の言葉を借りよう。「あなたが幸福な結婚生活を望むなら、まずはあなた自身が、ポジティブなエネルギーを生み出し、ネガティブなエネルギーを消し去るパートナーになる。一〇代のわが子にもっと快活で協調性のある人間になってほしいと望むなら、まずはあなた自身が子どもを理解し、子どもの視点に立って考え、一貫した行動をとり、愛情あふれる親になる。仕事でもっと自由な裁量がほしければ、もっと責任感が強く協力的で、会社に貢献できる社員になる。信頼されたければ、信頼されるに足る人間になる。才能を認められたければ（第二の偉大さ）、まずは人格（第一の偉大さ）を高めることから始めなければならない」※8

スティーブン・R・コヴィー博士の影響力は、まさに世界中に及んでいる。一九八九年に『7つの習慣』が出版され、これまで何百万人ものリーダー、教育者、家族が、コヴィー博士のボイスに励まされ、鼓舞されてきた。あなたもきっとそのボイスをよく知っていることだろう。それはコヴィー博士の言葉がこの時代に定着しているからである。「主体的である」「Win-Winを考える」「まず理解に徹し、そして理解される」というようなフレーズはすでに、私たちの生活空間の文化となっている。

しかし、コヴィー博士の貢献は『7つの習慣』だけにとどまらない。本書の編集に当たった我々は、コヴィー博士が残した何十ものエッセーに目を通し、人生で成功するための原則に関する深い洞察をピックアップした。本書に収められた力強いエッセーは、これまで書籍のかたちで出版されていないものばかりである。あなたも世界中の何百万人もの人々と同じように、第一の偉大さのてこを巡るコヴィー博士の論考によって、「良い」から「偉大」へと人生を変えることができる。

第Ⅰ部
第一の偉大さに到達するには

プライマリー・グレートネス
幸福で充実した人生のための１２の原則

第一章　秘密の生活

正しく見れば、世界は一つの花園だと気づくでしょう。

フランシス・ホジソン・バーネット

私たちは皆、三つの生活を持っている。公的生活、私的生活、そして秘密の生活である。秘密の生活は心の中で営まれている内的生活だ。そこにはあなたの本当の動機がある。人生で本当に望むことが秘められているのだ。秘密の生活を探る勇気を持てば、自分の心の奥底にある動機は何なのか、正直に自問することができる。その動機を書き直す心の準備はできているだろうか？　真の成功を果たすための基本の原則に従って生きる覚悟はあるだろうか？

秘密の生活こそが、第一の偉大さの鍵を握っている。

以前、ニューヨークを訪れたとき、ブロードウェイでミュージカル「秘密の花園」を観た。母が亡くなったばかりということもあって、ひどく心を揺さぶられた。

トニー賞に輝いたこのミュージカルは、インドで両親をコレラで亡くした少女の物語である。少女はイギリスの豪壮な荘園で伯父と暮らすことになる。古い屋敷は空想を誘う雰囲気に満ちあふれていた。少女は荘園の中をくまなく探検して回り、秘密の花園の入り口を発見する。そこは何でも可能になる魔法のような場所だった。

入ってみると、庭はすっかり枯れ果てていた。病弱でほとんど寝たきりのいとこ、そしてその子を生んだ直後に亡くなった妻を思い、ずっと深い悲しみの中にある伯父の姿そのものだった。少女は自然の法則に従って庭に種を蒔《ま》き、新しい命を息吹かせる。庭を丹精していくと、やがて家族の文化が劇的に変化したのだった。

私はこれまで大学やセミナーで教えてきたが、秘密の生活、私的生活、公的生活で偉大さの原則に従って主体的に生きる人たちが、このような変化を遂げた例をいくつも見ている。

ニューヨークから自宅に帰り、母の葬儀で挨拶したとき、私は「秘密の花園」に言及した。母の家は私をはじめ多くの者にとって、まさに秘密の花園だったからだ。私たちはその花園で母の温かなまなざしに育てられたのである。母にとって、私たちにかかわることはすべて良いことであり、良いことはすべて実現するのだった。

三つの生活

公的生活では、職場や社交グループで接する人たちから自分の言動を見られている。私的生活では、夫・妻、家族、親友など近しい人たちと交流する。秘密の生活は公的生活と私的生活の一部分をなしている。

秘密の生活は、公的生活と私的生活の動機の源泉である。多くの人は秘密の生活を訪れようともしない。彼らの公的生活と私的生活の脚本は基本的に、他人や過去の出来事、自分の周囲で起こっていること、あるいはそのときどきのプレッシャーに負けて書かれることになる。これでは、自覚という人間だけに与えられた能力を働かせていることにはならない。自分を客観的に見つめる自覚こそが、秘密の生活の鍵なのである。

自分の秘密の生活を真剣に探るには勇気が要る。まずは、ほかの人たちが自分をどう見ているかが映る鏡、いわば社会通念の鏡を取り外さなくてはならないからだ。私たちは社会通念の鏡に映る自分の姿を見慣れているが、その姿と内面にある本当の自分は違っているものである。本当の自分を見つめるのを嫌がり、中身のない空想に逃避して、それを秘密の生活だと勘違いしている人もいるだろう。そのような態度では、アイデンティティを確立するのは難しいし、安心感や自信は持てない。

秘密の生活は心の中で営まれる。そこには、あなたの本当の動機、人生でもっとも望むことが潜んでいる。

自分の動機を見つめる

私の場合、人生のもっとも重要な岐路は秘密の生活の中で訪れる。私はそこでこんなふうに自問する。「私自身はどう思うのだ？　私の考え方は正しいのか？　私の動機はどうあるべきなのか？　立ち止まって考えろ、これは私自身の人生だ。私の時間と労力をどう使うかは自分で選べる。朝早く起きて運動するかどうかも、あの人と仲直りするかどうかも、自分で決められる。自分の動機は自分で選べるのだ」

秘密の生活で得られる素晴らしい果実の一つは、自分の動機を真剣に考え、選択する能力だ。動機を選んでいなければ、生き方を選んでいることにはならない。人生のあらゆるものは自分自身の動機から流れ出てくる。動機は心の奥底にある望みの根っこなのである。問題は、人生において最優先すべき動機は何か、である。

私の場合、ストレスがたまったときや、対応に迷う事態に直面したときなどに秘密の生活に入る。そこで自分自身と向き合い、「正しい原則に従うのか? それとも第二の偉大さの要求に屈するのか?」と自問する。

主体的になって秘密の生活を見つめられるようになると、自覚、想像力、良心、そして動機を選択する意志を働かせることができる。

たとえば自分のキャリアのことで「自分の本当の動機は何だろう?」と自問するとしよう。カナダ・アルバータ州議会議長、州政府閣僚を務めたネイサン・エルドン・タナーは、次のような言葉を残している。「ビジネスに関して重要な決断をするときには必ず、自分の心に問いかける。もっとも優先すべきことを優先する覚悟はできているか、その立場で自分の優先事項を進めていくことはできるか。これらの問いに答えが出るまで、自問し続けなくてはならない」そして決断を下したら、任される仕事に関して、こう自問する。「それが自分にとって一番大切な大義を築くのなら、その仕事に貢献しよう」タナーはその後、国中で尊敬される政治家となった。

私は、大学学長選出の調査委員会で活動していたとき、この傑出した人物に会ったことがある。執務室に入っていくと、彼はデスクを離れて私のそばに腰を下ろし、開口一番「私に理解してほしいことは何ですか?」と聞いた。タナーは集中して私の話に耳を傾けてから、こう言った。「あなたのお話、とてもよくわかりました。ありがとう」私は深く感動した。

秘密の生活を日頃から訪れ、自分の動機を真剣に考えている人たちは、他者の心の中を見つめ、相手に共感し、エンパワーメントし、その人の価値とアイデンティティを認めることができる。秘密の生活が健全であれば、私的生活も公的生活も多くの面で良くなる。たとえば、私は講演の原稿を準備するとき、好きな演説を声に出して読む。それによって気持ちが鼓舞され、自分の動機が明確になるからだ。感動を与えたいというような下心は全部捨てる。私の唯一の望みは、奉仕することである。奉仕という動機を持てば、確固とした自信と内面の平穏を得て公的な場に臨める。人々への愛が深まり、本当の自分自身を感じることができるのだ。

> 動機を選んでいなければ、生き方を選んでいることにはならない。人生のあらゆるものは自分自身の動機から流れ出てくる。動機は心の奥底にある望みの根っこなのである。

私がこれまでにコンサルティングしてきた組織の幹部たちは、「自分自身を見つめるというようなことは、もうしばらくやっていませんでした。生まれて初めてのような気もします。これからの人生を変えていく決意ができました。自分が本当に信じるものに正直に生きていくつもりです」というようなことを話す。私のもとには多くの人たちから手紙が届く。「原則のおかげで変わることができました。以前は原則のことをまったく考えていなかったのですが、今はよくわかります」といった感想がほとんどなのだが、それはこれらの原則が彼らの秘密の生活の中にもともと宿っているからである。

それなのに私たちはいまだに、自分にかかわる物事に追われるだけで日々忙しく過ごし、秘密の生活に入る十分な時間をとれずにいる。その秘密の花園では、誰もが傑作を創造し、真実を発見し、公的生活と私的生活のあらゆる面を高めていけるというのに。

第一の偉大さに到達するには、秘密の生活の中で健全に自分を見つめなくてはならないのだ。

自己宣誓

そして秘密の生活が健全であるためには、自己宣誓が必要である。コミュニケーションの要素の中でも、自分自身と他者を肯定し、はっきりと宣誓するメッセージは特に重要だ。

適切な自己宣誓には五つの特徴がある。

- **個人的である――一人称で書かれている。**
- **ネガティブではなくポジティブである――良いところ、正しいところを認める。**

- **現在形である――今現在の行動、あるいはその潜在能力があることを認める。**
- **視覚的である――心の目ではっきりと見ることができる。**
- **感情が入っている――それに対して強い感情を持っている。**

次の二つの例で五つの原則をよく理解できると思う。

オーバーリアクション

わが子が牛乳をこぼしたりすると過剰に反応してしまう父親が、自分のそんな態度を直す潜在能力があるのだと自己宣誓するとしよう。彼は、ストレスのかかる状況で見識や愛情、毅然《きぜん》とした態度、公正さ、忍耐力、自制心を持って対応しようと決意する。そこで彼は、その決意を自己宣言書として書いてみる。

「私が（個人的）疲労やストレス、プレッシャー、落胆を感じているとき（視覚的）、自制心、見識、毅然《きぜん》とした態度、忍耐力、愛情を持って（ポジティブ）対応すれば（現在形）、深い満足感（感情）を得られるだろう」

先送り

ある人が先送りの悪習を断ち切りたいと思っているとしよう。彼女はやらなければならないことを先送りし、いつも慌てて手をつけるはめになるので、最優先事項を確実に最優先し、物事の価値を重視して行動したいと思っている。彼女の自己宣誓書は次のようになる。

「自分自身に責任を持ち、自分の運命は自分で導くために、計画を立て、その計画を実行し、ほかの人に任せられることは任せれば、深い満足感と高揚感が得られる」

自己宣誓の力

『人間の選択──自伝的覚え書き』（松田 銑訳、角川書店）の著者、ノーマン・カズンズは、自分を肯定することによって、ほとんど開発されていない情緒面の強みを解き放てることを世界に示した。

海外出張から帰国して一週間後、カズンズは首や腕、手、指、脚をほとんど動かせなくなった。すぐに入院して検査を受け、結合組織の難病と診断された。主治医は「全快の見込みは五〇〇分の一でしょう」と彼に告げた。

当初、カズンズは医師と病院のなすがままにしていた。薬が投与され（いつも過剰に）、毎日のように、しかも長々と検査が行われた。こうした医療処置、加えて医師から宣告された難病という現実に直面し、彼は深く、じっくりと考えた。カズンズは後にこう書いている。「五〇〇人に一人しか治癒しない。しかし自分がその一人になりたいなら、受け身の観察者でいてはいけないのは明らかだ」

ネガティブな感情が体内の化学作用にネガティブな影響を与えることを熟知していた彼は、こう考えた。「前向きな気持ちでいれば、良い効果があるのではないだろうか？ 愛、希望、信念、笑い、自信、生きる意志には、治療効果があるのではないだろうか？」

カズンズは、ネガティブな感情がネガティブな影響を与えることが正しいなら、その逆も正しいはずだと確信し、すぐに肯定的な感情を追求するプランを作成した。薬、介護者、笑い、家族の愛を生かすプランである。彼は退院し、ホテルの一室を借り、看護師を雇い、マルクス・ブラザーズの映画やテレビのコメディ番組を観た。するとどうだろう、一〇分間大笑いすると、二、三時間は痛みもなくぐっすり眠れることがわかったのだ。マインドセット、気の持ちようが、薬そのものになることを発見したのである。

週を追うごとに、ノーマン・カズンズの病状は改善していった。年を追うごとに、運動機能を取り戻していった。彼の努力は回復とは関係ない、何もしなくても治癒していただろう、あるいは単に自己投薬というプラシーボ効果にすぎないと、一部の人たちは臆測していた。しかしカズンズは、生きようとする意志の力と想像力が人間の内面に眠っている計り知れない力を解き放つことを自分の体験で証明したのだと確信した。

役に立つプラクティス

自己宣誓を行うときにとても役立つ三つのプラクティスを紹介しよう。

一．リラクゼーションをして自己宣誓を頭に刻む

自己宣誓は、日常生活の慌ただしさの中で行ってもあまり効果はない。まず頭と身体を休めよう。そのためにはリラクゼーションのテクニックを身につける必要がある。心身が深くリラックスしている状態であれば、脳波がスローダウンし、暗示にかかりやすくなる。視覚的で感情の入った自己宣誓なら、考え方とイメージが頭に深く刻まれる。

リラクゼーションのテクニックはいろいろあるが、特に効果的なのは筋肉を緊張させてから弛緩《しかん》させるテクニックである。このテクニックは、筋肉を意識的に緊張させたら、弛緩《しかん》せざるをえないという論理で成り立っている。また操り人形を頭の中でイメージして、身体の力を抜くテクニックもある。あるいは、全部の筋肉がだらりと伸びた様子をイメージしてもよいだろう。つま先から

脚、上半身、腕、首、背中、頭まで、身体全体が重たくなった状態をイメージしてみよう。

脳波は黄昏《たそがれ》時にぐっとスローダウンする。一日のうちで潜在意識がもっとも活発になるこの時間帯が、プログラミングには絶好のタイミングだ。私自身、子どもたちに対する自己宣誓を作成するときにはリラクゼーションの原則に従っており、目覚ましい効果を何度も実感している。

二、絶対に成功するのだと思い込む

自己宣誓によって自分を変えたいなら、あるいは将来の出来事に備えたいなら、その場面を何度も体験しなければならない。口に出して言い、目で見て、感じる。自分の一部にするのだ。あなたが自分で自分をプログラムするのである。自分のあるべき姿を過去の脚本に上書きしよう。両親や友人、社会、環境、遺伝子から与えられた脚本を生きるのではなく、自己宣誓し、自分で選んだ新しい脚本を生きる。自己宣誓を繰り返していくうちに、成長し、変わることができる。

三、想像力を働かせて変化を視覚化する

どんな自己宣誓でも、たとえばオフィスのカーテンの色、家族に朝食を出すときに裸足で歩く床の感触、机の上に開いた手帳、わが子のレポート等々、心の目でたくさんの細部が見えるほど、そ

れらをありありと思い描けるほど、自己宣誓を観客として眺めるのではなく、参加者として体験できるようになる。変化を具体的にイメージするときに五感をフルに働かせるほど、人生の脚本を実際に書き換えられる可能性が高くなる。多くの人が、この想像力という宝を使わずに生きているのだ。

私たちは、想像力をあまり働かせず、ほとんど記憶を基にして生きている。人生の脚本に書かれていることが過去の出来事と現在進行中のことばかりで、将来なりたい自分の姿はほとんど書かれていない。まるでバックミラーを見ながら車を前に進めているようなものなのだ。

有人宇宙飛行計画では、宇宙飛行士は人類が経験したことのない状況で任務を遂行するために、訓練の一環で宇宙飛行シミュレーターや心身のトレーニング、プログラミングを何時間も行う。実際に宇宙に出て、さまざまな難題にぶつかっても、シミュレーションで経験を積んでいたおかげで、彼らは難なく対処できたのだ。想像力と創造力を働かせることによって、将来起こる出来事をイメージできていたからである。宇宙飛行士たちの頭の中は先入観というセンサーから解放され、何にも阻まれない完全な自由を得て、柔軟に働く。まさに創造と革新が起こるのである。

有意義な人生を培うために、秘密の花園を毎日訪れ、自己宣誓を行おう。

私たちは、想像力をあまり働かせず、ほとんど記憶を基にして生きている。人生の脚本に書かれていることが過去の出来事と現在進行中のことばかりで、将来なりたい自分の姿はほとんど書かれていない。まるでバックミラーを見ながら車を前に進めているようなものなのだ。

応用とアドバイス

❖ 第一の偉大さを達成するために、日記をつけてみよう。本書で紹介する応用の多くは、自分の考えを記録し、実践計画を立てることを勧めている。

❖ 次の質問への答えを日記に書く。

・これまでどのようにして第一の偉大さを犠牲にし、第二の偉大さを追い求めてきたか？

・次のように自問する。「私が正しいと思っていることは何か？　私の内面の一番奥底にある道徳的な信念は何か？　人生でやるべきことは何か？」自分自身について初めて気づいたことを書き留めよう。

❖ 「秘密の花園」で育つ最高の果実の一つは、自分の動機を意識的に選ぶ能力である。あなたが変えるべき動機は何だろうか？　自分にとって最善の動機、それらを実現するためにできることを記録しよう。

❖ 自己宣誓書を作成するステップを考える。まず、普段自分に言い聞かせている脚本を書く。次に、その脚本を書き直す。自分自身について肯定できることは何か？　自分自身について、自分ができる貢献について、高く評価できることは何か？

第二章　人格：第一の偉大さの源泉

人格は誰にも見られていないときの行動に表れる。

H・ジャクソン・ブラウン

人格（あなたの人となり）は、能力（あなたにできること）よりも重要だ。最後にものを言うのは人格であり、人格は第一の偉大さの土台である。

個人の人生において、人格ほど重要なものはない。結局のところ、能力（個人ができること）よりも人格（個人の人となり）のほうが大切なのである。もちろん人格も能力もどちらも大切だが、人格は根本をなすものなのだ。人格という礎石の上に、ほかのすべてが築かれていく。いかに見事な構造、システム、スタイル、スキルであっても、人格の欠陥を完全に補うことはできない。

さらにまた、勇気と思いやりも不可欠だ。勇気と思いやりは情緒を成熟させる要素であり、情緒の成熟は、あらゆる決断、あらゆる人間関係の土台となる。

情緒が成熟している人は効果性も高い。それなりに自我は強いかもしれないが、他者を尊重する気持ちも強い。原則に従う勇気と他者への思いやりのバランスがとれているのである。

人格（個人の人となり）は能力（個人ができること）よりも大切である。

成熟とは勇気と思いやりのバランス

この成熟の定義を私に教えてくれたのは、ハーバード・ビジネス・スクールのフランド・サクセニアン教授である。当時、サクセニアン教授はこのテーマで博士論文を書いていたのである。

彼の言葉を借りれば「相手の考え方や感情に配慮しながら、自分の気持ちや信念を言えること」が成熟した人間なのである。

学生だった私は、この考え方は正しいと確信した。しかしそれ以上に、サクセニアン教授が自らその手本を示していたことに心を打たれた。一例を挙げよう。講義で統計学の部分にさしかかったとき、彼は「統計学のことはよくわからない。君たちと一緒に学ぼうと思う」と話した。サクセニアン教授は我々学生の心の内をよくわかっていたうえで、率直に打ち明けたのだ。私たちは全校一斉の試験を控えていて、学生同士、クラス同士で成績を競っていたのである。

これは何とかせねばと、クラスの総意として、統計学の先生に教えてもらいたいと学部長にじか談判した。サクセニアン教授は好きだけれども、統計学に明るくないのであれば、我々のクラスは試験で不利になる、と訴えたのだ。学部長は、我々学生の不安に対してこう答えた。「では、君たちにできることをやりたまえ」私たちは仕方なくサクセニアン教授のもとに戻り、一緒に統計学の専門ノートを作成した。そしてクラス全員が試験に合格した。ある意味で、私たちはお互いに統計学を教え合ったのである。私たちのクラスは、八クラス中、二位につけることもできた。

サクセニアン教授には、自分の無学を正直に話す勇気と、私たち学生が解決策を見いだせるよう手助けする思いやりがあった。勇気と思いやりのバランスは優れたリーダーに共通する態度であることを、サクセニアン教授は身をもって学生に示したのだった。事実、彼は歴史をさかのぼって調べ、共通のビジョンの上に強力な文化を築いた真に偉大なリーダーは例外なく、情緒的成熟を構成する二つの特徴、勇気と思いやりを兼ね備えていることを教えてくれた。

私は、サクセニアン教授から教わった勇気と思いやりのバランスについて、自分なりに調べてみた。まず、マネジメント論、人間関係論、人間心理学論の歴史をさかのぼり、同じ概念があることを突き止めた。たとえば、トーマス・A・ハリスが著書『I'M OK - YOU'RE OK（幸福になる関係、壊れてゆく関係）』で論じ、一躍有名になった交流分析論は、実際にはエリック・バーンの『人生ゲーム入門――人間関係の心理学』（南博訳、河出書房新社）とジークムント・フロイトの精神分析理論にルーツがある。「I'm OK, You're OK（私はOK、あなたもOK）」なら、勇気と思いやりのバランスがとれている。「I'm OK, You're not OK（私はOK、あなたはOKではない）」は、勇気はあるけれども、他者をほとんど尊重せず、思いやっていない。「I'm not OK, You're OK（私はOKではない、あなたはOK）」は、自信や勇気が持てない。そして「I'm not OK, You're not OK（私もあなたもOKではない）」は、勇気も思いやりもほとんど持っていない。

次に私は、優れた研究者ロバート・ブレイクとジェーン・ムートンの理論「マネジリアル・グリッド」を調べた。これは業績への関心・人への関心という二つの側面から成功を分析したもので、どちらかが低い人もいれば、両方とも低い人もいる。もちろん、人への関心も業績への関心も高いのが理想だ。言い換えれば、仕事をやり遂げる勇気があり、なおかつ他者を尊重し、思いやれるということである。

Win-Winの考え方も本質的に同じである。自分は勝つのだという自尊心を持ち、なおかつ相手も勝てるように協力する。そうしてシナジーを起こせれば、たとえばミッション・ステートメントを作成するとき、決断を下すとき、戦略的パートナーシップを結ぶとき、あるいは顧客や従業員との関係において、あなたの強みと相手の強みが交わって、それぞれが一人で考えるよりもはるかに良い解決策が生まれる。Ｗｉｎ‐Ｌｏｓｅは、自尊心は強いけれども相手を思いやらず、相手が置かれている状況をまるで考慮しないアプローチである。Ｌｏｓｅ‐Ｗｉｎのアプローチは、自尊心がなく、相手を必要以上に立ててしまう。

ほかにもさまざまな心理学理論を調べたが、どれもが勇気と思いやりという二つの要因に焦点を当てていた。勇気を「自尊心」や「自信」、「強い気持ち」、「自我の強さ」と呼び、思いやりを「共感」や「優しさ」と呼んでいたりもするが、基本的には同じことである。また、偉大な哲学書や宗教書でも、勇気と思いやりのバランスに触れている箇所を見つけることができる。たとえば「自分が接してほしいように他人にも接しなさい」が言わんとしているのは、シナジーを起こせる精神（勇気と思いやりのバランス）である。

最後に私は、マルコム・ボルドリッジ賞の多くの受賞者にインタビューした。この賞は製品やサービスの品質を劇的に向上させた組織、個人に授与されるものである。私は全員に「一番大変だったことは何ですか？」と尋ねたが、彼らの答えに共通していたのは、一言でいえば「コントロールするのをやめること」だった。ある受賞者はこのように話していた。「すべての利害関係者と相乗効果的な関係を築かなくてはならなかったし、儀礼的にではなく、お互いを心から信頼できるレベルまでもっていかなくてはならなかった。それに、ものの見方や自分の考えをはっきりと主張できるようになることも必要だった」

基本的には、どの受賞者も「Ｗｉｎ‐Ｗｉｎを考える」「まず理解に徹し、そして理解される」「シナジーを創り出す」（７つの習慣の第４、第５、第６の習慣）を学んだのである。これらの習慣を実践することで、新しい気づきとスキルを得て、それまでになかった選択肢が生まれ、協力と創造性を高めることができたのだ。しかしその源泉はＷｉｎ‐Ｗｉｎを追求する強いスピリット、すなわち勇気と思いやりのバランスなのである。

結果も人間関係も良くなる

勇気と思いやりのバランスがとれていれば、より良い結果につながるだけでなく、人間関係も良くなる。このバランスがなければ、どちらかが犠牲になり、どちらかしか得られなくなる。私は以前、大企業の社長にコンサルティングした。マネジリアル・グリッドでいえば業績への関心が強い人物で、結果を出すために人間関係を築かなくてはならないときは、愛想よくつき合えるのだが、あくまで仕事の絡んだ関係に限られていた。彼にとっては仕事が人間関係を決めていたのである。言い換えれば、いったん人間関係を築いたら、あとは仕事のことだけを考えるわけである。これとは正反対の人も知っている。人への関心が強く、仕事を通して人間関係を築いていくタイプである。

ハーバード大学の著名な心理学者、デイビッド・マクレランドは、ビジネスでの成功を左右する要因を調べ、欲求理論を確立した。マクレランドは企業の採用応募者にいろいろな写真を渡し、それらに基づいたストーリーを考えさせた。ストーリーを聞いて応募者をプロファイリングし、どのような職務要件にマッチするか企業に助言した。彼は、基本的に権力欲求、親和欲求、達成欲求の三つに応募者を分類していた。いわば内的な動機に着目し、人格が長期的な成功の必須要因だとみなしていたのである。

能力よりも人格

いくら学歴の高い人でも、情緒的に成熟していなければ、スキルを身につけても結局のところ役には立たない。たとえば先ほど例に挙げた業績志向の社長は、取締役会との人間関係を仕事のためだけに利用し、やがて彼らへの影響力を失った。取締役会はこの社長についていけず、結局は社長交代となった。取締役会のメンバーたちは、オーバーな言動やリップサービスに操られているように感じていたのだ。まさに因果応報であり、スキルが人格をしのぐわけがない。にもかかわらず、昨今は人格ではなく能力を高めるトレーニングや教育ばかりがもてはやされている。

能力だけでなく人格も継続的に磨いていくことが重要である。しかし、私たちはどうすればその必要性に気づけるのだろうか？

あなたの周りの人たち、あなたの成功に影響を与える人たちは、あなたの人格をどのように見ているだろう？　それを知るには、三六〇度評価というツールが使える。顧客、上司、部下、同僚などの利害関係者に、あなたの人格と能力についてフィードバックしてもらうのである。科学的で確実性の高い体系的な評価が得られるはずだ。あなたは評価を見て、たとえば「仕事の結果は出しているけれども、チーム・ビルディングと対人関係の評価が低いとは。この評価を上げるにはどうすればいいだろう？」と思うかもしれない。このようにして、人格を高める必要があると気づければ、家族や友人との関係に時間を割いたり、職業団体や協会、支援団体などで活動する計画を立てたりすることができる。

謙虚と勇気：美徳の源

謙虚は美徳の母であると私は思っている。謙虚さがあれば、原則を人生の中心に置くことができる。謙虚さがあれば、人格を日頃から磨いていかなければならないことがわかる。謙虚さがあれば、ほかの人たちを思いやることができる。さらに私は、勇気はあらゆる美徳の父であると思っている。勇気と思いやりがあれば、誠実な人間として生きていけるのだ。スイスの精神科医・心理学者のカール・ユングは、私たち人間は晩年になってようやく個性化（人格の完全な統合）に到達すると言っている。人間は個性化のさまざまな段階を通らなくてはならない。何度も壁にぶつかりながら多くの経験を積み、試行錯誤の結果が少しずつ見えてきて、内的な人格の統合へと近づいていくのである。

だから、しっかりとした人格を築くには焦りは禁物だ。辛抱強くなくてはいけない。波及効果の高いこれらの原則に日々少しずつ取り組み、実行している人たちは、やがて影響力を広げ、良き人格の手本となり、ほかの人たちを教え導く存在になれる。変化の触媒、流れを変える人になる。家族や組織、コミュニティのネガティブな行動の悪循環を断ち切ることができるのだ。

私は以前、ある国際的企業の幹部と仕事でつき合ったことがある。彼らは、社員の多くが能力は高いのに思慮が足りない、要するに頭は良いが人間的に未熟という現実に苦慮していた。「結局、私たちが社員の働きぶりを認めているか、社員をパートナーとみなしているか、貢献に対してきちんと報いているか、そういう問題なのでしょう。組織内に信頼の文化が育っていないのです。有能な社員が辞めていくのも無理はありません。派閥争い、政治的な駆け引きが蔓延《まんえん》していて、皆がお茶の葉で未来を占うようなことをしているのです。創業の理念からずいぶんとかけ離れてしまいました」

結局のところ、組織文化において重要なのは個人の人格なのである。それにもかかわらず、人格を破壊するような力が横行するがままにし、ついには会社の創業者の人格まで忘却のかなたとなる。一人ひとりがプログラマーであるべきなのに、知らぬ間にプログラムそのものになってしまうのだ。第一の偉大さを追求するプログラムに書き換えるプロセスを始めなくてはならない。

新しいプログラムを書く

自分のプログラムを書き直すには、どうしたらいいのだろうか？　まずは、望ましい結果や望む意義を達成できない、資産を失う、同僚や配偶者、わが子との良い関係を維持できない、というような危機にぶつかる可能性を想定して、謙虚になることだ。次に、尊重、共感、正直、信頼という普遍的原則がすべてを支配している事実を認め、受け入れる。その次は、ありのままの自分に責任を持つことを自覚する。そして、誠実さに直結する揺るぎないミッションを持ち、それに従って生きる努力をする。結局は、人となり（人格）がもっとも重要な成功要因なのである。

私自身、能力と人格の理想的なバランスに近づいていくためには、自分の良心、正しいとわかっている原則に忠実に生きることしかないという結論に至っている。だから普段、能力か人格のどちらかがぐらつき始めたと思ったら、数時間以内（数日ではなく）に自分の失敗を振り返り、誠実さにどのような瑕疵《かし》があったかを突き止めるようにしている。

自分が演じる役のイメージを自分のイメージに利用して名前を売っている俳優は少なくない。キャリアの最初のころは特にそうだ。しかし人気が出て世間から評価されるようになると、自分自身の新しいビジョンのためにはならない脚本や役どころは断ったりもする。中には自分で脚本を書き、演じる役のイメージを自分で決める俳優もいる。私たちもこのようにしてキャリアを築いていけるのである。

誰でも自分自身の脚本を書き、それに従って生きることができると、私は確信している。とても無理だと思っている人が多いだろうが、そんなことはない。しかし、それなりの代償を支払わなくてはならないのは事実だ。それは痛みを伴う努力である。頭の中で視覚的にイメージし、自己宣誓することも必要である。そして誠実な人生を生きる。約束をしてそれを守ることから始めて、全人格（五感、考え方、感情、直観）が矛盾なく一体となるまで、努力し続けなくてはならないのである。

人格の開発と自制心

多くの人は、実行力を阻み、人生の質を下げる心身の中毒と決別する必要がある。中毒に陥ったら、肉体が意志をコントロールしてしまい、人生における前進はほとんど期待できない。しかし断ち切ることができれば、前進の道が見えてくる。

たとえば、食欲をある程度自制できれば、それ以外の欲望も自制できるようになり、自分の本当の動機や希望を構築し始めるようにもなる。そうなればしめたもので、人格はどんどん磨かれていく。まるで地球の途方もない引力から解き放たれ、完全に自由な宇宙へと飛び立っていくように、とどまるところを知らずに向上していく。

誰しも、こうした肉体的習慣や食欲と日々闘っているものだ。知恵や良心、正しい原則の影響力の下に自分を置かなくてはならないことは、私自身もよくわかっている。それを怠れば、遅かれ早かれ悪影響を自分が直接被るか、私の周りの人たちが被ることになる。一つの原則を破ったら、別の原則に反する行動をとるハードルも低くなる。私の場合で言えば、夕食を食べたいだけ食べると、それ以降の時間はほかの人たちの気持ちに無頓着になることがある。だから自制心を働かさなくてはならない。怒り出したくなったとき、自己分析をしてみると、その怒りの原因は自分の軽率さや甘えにあることに気づかされるのがほとんどだ。自分の行動をいくら弁解し正当化しても、良心と向き合ったら、その行動が自分の意志を弱めている事実は否定しようがない。ほかの人たちの気持ちやニーズに対する配慮もできなくなるのである。

人格という土台をしっかりと固めれば、個性を彩るさまざまな要素を加えていける。人格が根づいていなければ、何かの役を演じるふりはできるかもしれないが、いざというときに根っこが引き剝がされる。それは私たちにとってもっとも厳しい学習体験の一つだが、誠実に生きる決意をすれば、その体験は実に有意義なものにもなる。

応用とアドバイス

❖ 人生のビジョンに基づいて個人のミッション・ステートメントを書いてみよう。人生のビジョンは、家族、所属している組織、コミュニティへの貢献であり、その土台となるのは不変の原則である。

❖

誰かとコミュニケーションをとるとき、勇気と思いやりのバランスを意識する。あなたは相手の気持ちと考えを思いやり、勇気を持って自分の気持ちと考えを話せるだろうか？　重要な会話を持つ機会があったら、このバランスをとれるように意識しながら会話を進めてみよう。

❖

成果そのものと、成果を生み出す能力のバランスがとれているだろうか？　仕事で成果を出すことにどのくらいの時間をかけているか、一日記録してみよう。その時間を、成果を生み出す能力の向上にかけている時間（運動、読書、学習、人間関係の構築）と比較し、気づいたことを日記に書き留める。どんなことを学んだだろうか？　自分のどこを変える必要があるだろうか？

❖

肉体と情緒の中毒は、知性と精神をむしばむ。誰でも人生の前進を阻むような悪習は多少なりとも身についているものである。あなたを停滞させている悪習は何だろう？　その悪習を断ち切るためにはどうしたらよいだろう？　その悪習を断ち切る目標、あるいは自分を強くし、人生を充実させるような習慣を一つ身につける目標を立て、実行する。

第三章　自分自身を原則に合わせるには

意見を変え、原則を守れ。葉を変え、根を保て。

ヴィクトル・ユーゴー

原則と自然の法則は絶対的なものであり、議論の余地はなく、常に作用している。この真理は、充実した人生の土台である。第一の偉大さとは、何よりもまず、原則を中心に据えた人生を生きることである。この章では、原則を中心に据えるにはどうすればよいか考えていこう。

第一の偉大さを達成する鍵は、原則を中心に据えることだ。私たちがすべきなのは、自分の世界を掌握することではなく、原則を掌握することである。自分で自分の世界をコントロールできると思うのは尊大だ。もちろん、自分の行動をコントロールすることはできる。しかしその行動の結果をコントロールすることはできない。行動の結果をコントロールするのは、原則、自然の法則なのだ。

人格を築き、人生の質を高められるかどうかは、普遍的な原則を信じ、それに従って行動できるかどうかにかかっている。原則は自明の理である。それらは人格を持たず、外的な事実に基づき、客観的なものだ。私たちが原則を知っていようといまいと、従おうと従うまいと、常に作用しているのである。

なぜ原則を中心に据えるのか？

「先生は原則と価値観とは違うと言いますが、それはなぜでしょうか？　私には私の価値観がありますす。どんな人の価値観と比べても遜色ないと思っているのですが」というような質問をよく受ける。私は、原則と価値観を区別することは必須だと考えている。ほとんどの人が価値観と原則が同じものだと思い違いをしているからだ。事実、某企業のCEOは私に「当社は価値観主導です。価値観が会社を動かしています」と言った。それを聞いて私はこう答えた。「どの会社もそうですよ。問題は、その価値観が自然の法則、つまり原則に基づいているかどうかです。どんな状況においても、原則がすべてを支配しているからです」

あなたが、そしてあなたの部下が、原則ではなくあなた自身の価値観に従って動いているとしても、その価値観はたいてい正しい原則を反映したものだろう。しかしときには社会の文化（メディアなど）やサブカルチャー（特定の音楽グループへの執着心など）、あるいは磁力（感情を揺さぶる出来事、自我が強く特定の方向へ動かそうとする思惑を持った強引なリーダー）によって、価値観が歪むこともある。その歪みのせいで方向感覚が完全に狂い、道を踏み外してしまう可能性があるのだ。多くの企業に共通しているけれども、決して口には出さない価値観は、強欲である。強欲の価値観を持っていたら、原則に基づいて収益を追求することはできない。歪んだ価値観を持つと、根っこが土台から剥がされてしまう。裏表のある人間になり、内面の奥底でめまいを感じ、精神的に不安定になる。

これに加えて、「相対的真実」対「絶対的真実」という昔からの議論もある。「コヴィーさん、あなたは真北のようなものがあるとおっしゃいますが、物事というのはすべて相対的なのではないですか？」といった質問もよくある。

そのようなとき私は、絶対的真実である原則を見分ける三つの基準を教えることにしている。

一．普遍

普遍的な原則がなければ、真北もないことになる。真北がなければ、頼れるものは何もないことになる。真北を見失うと、人格の大切さを忘れ、社会的、経済的市場で受け入れられるイメージをつくることだけを考えるようになる。誠実さや正直など自然の法則からかけ離れた政治的なシステムやビジネスを生み出すことになるのだ。

社会が健全であるためには、社会的な意志、つまり社会の価値体系が正しい原則と一致していなくてはならない。自分は原則とは無関係だ、原則など無視すると宣言したら、あなたの組織の価値観は歪んでしまうだろう。病んだ組織になるのは目に見えている。たとえば、悪行の限りをつくすギャング組織とて、ミッションは明確であり、メンバー全員が価値観を共有している。そこだけをとって見れば、チームワーク、協力、忠誠心、収益力、技術革新、創造性というような言葉を連ねたミッション・ステートメントを掲げる多くの企業と何ら変わりない。しかしギャング組織の場合、価値体系が正直や他者の尊重という自然の法則に基づいていないのである。

歪みのせいで方向感覚が完全に狂い、道を踏み外してしまう可能性がある。もしそうなれば、あなたは社会や組織から追われ、優柔不断な人になり、すべてにおいて不安定で、虚無感を経験することになるだろう。

二. 不変

真北は、根本的な原則、時を経ても変わることのないものの象徴である。自然の法則から離れ、時代の流行に乗った考え方に近づいていくほど、あなたの判断力は悪影響を受け、歪んだ観念を持つようになり、もっともらしい嘘《うそ》で物事を説明し始める。収穫の法則を無視して、社会的、政治的な成功のルールに従うようになるのだ。たとえば経済的なトラブルを抱えている人たちの記事を読むと、過剰な借り入れや無謀な投資、客観的なフィードバックを求めず独りよがりになっていた、などの悲しい告白を目にすることがほとんどだ。こうした人たちは莫大《ばくだい》な負債を抱えている。もはや裕福な暮らしを望むべくもないのは言うに及ばず、健康的に暮らす希望さえ持てず、ただ生き延びるためだけに何年も必死に働かなくてはならないのである。

最善の結果を犠牲にして目先の利益を優先すると、時間と金、評判、人間関係で高いツケを払うことになる。将来のことを考えず、とりあえず自分をよく見せることばかりやっていたら、周りの人たちが悪影響を受けるのは必至である。自然の法則を無視するのはとても危険だ。良心は時代を超越する不変の真実と原則の宝庫であり、自然の法則を映し出す内面のモニターなのである。時代が移り変わっても変化しないのは、自然の法則と原則ぐらいしかない。それはコンパスの針が指し示す真北だ。科学技術はあらゆるものの様相を変えたが、人間の性質を支配する根本的な法則は、時間を超越して存在し続けるのである。

三．自明

真の原則は自明の理である。独立宣言にも出てくる。「我々は以下の事実を自明なものとみなす」自明の理にいくら反論しても無駄に終わる。議論の余地はない。ある原則を論破しようとして、議論そのものが馬鹿々しいと思ったら、それは自然の法則だからだ。たとえば「自分の行動が起こした問題を言い逃れることはできない」という格言を考えてみよう。これは、信頼性がなければ人から信頼されない、という原則である。この原則を論破してみてほしい。自分が起こした問題なのに言い逃れしようとしている人、あるいは自社が招いた問題を広報担当者に言い訳させている企業を見てみれば、よくわかるはずだ。

最後には原則が支配する

あなたの現在のライフスタイルが原則に従っていないなら、価値観に基づいて作成された地図と原則中心のコンパスに取り換えるべきである。最後には原則が支配するという事実に気づけば、自分の価値観よりも原則を優先し、自分の役割、目標、計画、行動を原則と一致させようとする気になるだろう。

しかし、人間は何かの危機に直面しないと、そういうことはできないものである。会社のリストラ、解雇、結婚生活の危機、上司との関係がまずくなる、大口顧客を失う、経済的なトラブルでにっちもさっちもいかなくなる、食生活の乱れや運動不足で健康を害する、というような重大な危機が生じない限り、多くの人は何も考えず現状に満足して生きているものである。良いこと、楽なこと、日常的なことをするだけで時間が過ぎていき、本当に重要なことをしているかどうか、立ち止まって自問したりしない。こうしていつの間にか「良い」が「最良」の敵になり、最良のことを実行できなくなってしまうのだ。

謙虚はあらゆる美徳の母である。謙虚な人は成長する。なぜなら、自然の法則、普遍の原則に従い、それらと調和して生きようとするからである。そして勇気はあらゆる美徳の父である。正しい原則に従って人生を送り、選択の瞬間に誠実であるためには、大きな勇気が要るのだ。

自分自身から生まれた価値観であれ、社会で通用している価値観であれ、私たちが何らかの価値観を持ち、その価値観（原則ではなく）に基づいて自分のミッションと目標を立てると、自分の価値観が原則の上に立ち、プライドと自立心が過剰に強くなる。プライドの強い人は他者に自分を印象づけたいと思う。しかし謙虚な人は他者のためになろうとする。モノに価値を置いても、モノを所有することが人生の質を高めるわけではないからだ。政府や企業、教育機関の改革は、真北の原則に基づいていなければ成功しない。それでも、自分が選んだ価値観や悪習に基づいた行動スタイルに固執するリーダーは少なくない。尊大な態度で「答えは私がわかっている！」と叫ぶのだ。尊大のユニフォームをまとっていると、プライドが邪魔をして事あるごとにつまずき、ヘマをする。しかし謙虚のユニフォームを着ていれば、人は前進できる。映画『インディ・ジョーンズ 最後の聖戦』の中で、インディアナ・ジョーンズもこの原則を学んでいた。「悔いある者のみが通る」

プライドが強い人は、例えて言えば、一種類の作物の種を蒔《ま》いて別の作物も収穫できると思いがちである。私たちが持っている多くのパラダイム、そしてそこから身についていく習慣が、期待するような結果を生むことはない。なぜなら、それらのパラダイムの土台になっているのは、幻想や広告のキャッチコピー、たかだか一ヵ月の研修、個性主義の成功戦略だからである。偉大な人生が幻想から生まれるわけがない。では、人生の質を支配する真北の原則に人生の方向を合わせるには、どうすればよいのだろうか？

人間だけが持つ四つの能力

私たち人間は、四つの能力（自覚、良心、意志、想像力）を持っている。これら四つの能力は、人間を人間たらしめているだけでなく、現実と幻想を区別し、人生の質を支配する法則に自分の人生を合わせる力を与えてくれる。

- **自覚**は、自分が持っているパラダイム（世界を見る眼鏡）を見つめ、自分の考え方を客観的に検討し、社会的な脚本に気づき、刺激と反応の間のスペースを広げる能力である。自覚があれば、プログラムあるいは脚本を書き直して、第二の偉大さを追求する生き方を改める責任を自ら引き受けることができる。心理学、教育、トレーニングの分野の多くの動きは、自覚の能力を伸ばすことに焦点を当てている。広く読まれている自己啓発本のほとんども、この能力を取り上げている。しかし自覚は、人間だけに授けられた能力の一つにすぎない。

● **良心**は、思考よりもなお内面の奥深くにあるもの、そして自分の外部にあり、価値観よりも信頼できるものに触れることのできる能力である。いくつもの時代を経て確立した心の知恵に私たちを結びつける。良心は内面にある道しるべであり、真北の原則に反する行動をしていれば、あるいはそのような行動をとろうと思っているだけでも、警告を発してくれる。良心は普遍的なものである。私はこれまで多くの企業や個人のミッション・ステートメントの作成を手伝ってきたが、その経験から学んだのは、個人的な問題であればあるほど、一般性を帯びるということである。宗教や文化、バックグラウンドの違いにかかわらず、どの人のミッション・ステートメントを見ても、人間にとって基本的なニーズを取り上げている。そのニーズとは、生きること（肉体的、経済的な幸福）、愛すること（社会的な幸福）、学ぶこと（知的な幸福）、貢献すること（精神的な幸福）である。

● **意志**は、そのときどきの感情や気分、状況に流されて反応するのではなく、原則に基づいて行動する能力である。自分のパラダイムを超越し、流れに逆らい、自分の脚本を書き換える力になる。環境や遺伝子の影響がどれほど大きくても、それが私たちを支配するのではない。私たちは被害者でもなければ、過去の産物でもない。私たちは自分自身の選択の産物なのだ。責任は英語でレスポンシビリティ（responsibility）といい、レスポンス（response＝反応）とアビリティ（ability＝能力）という二つの言葉でできていることがわかる。つまり、反応を選ぶことができるという意味なのだ。反応を選ぶ能力は、意志の表れなのである。

● **想像力**は、現実を超えた状況を頭の中に生み出す能力である。人間は想像力を働かせることができるからこそ、個人のミッション・ステートメントを書き、目標を設定し、会議の計画を立てられるのだ。そして、どんなに厳しい状況にあっても原則に忠実に生きる自分自身を思い描ける。想像力があればこそ、将来の望ましい脚本を書けるのである。人間は記憶だけに頼って生きていくことはできない。記憶には限りがある。記憶は過去の事柄だけだからだ。しかし想像力は無限に働かせることができる。現在のことも将来のことも想像できる。潜在能力、ビジョン、ミッション、目標も想像できる。現状ではなく、あるべき状況、実現できる状況を想像できるのだ。巷《ちまた》に蔓延《まんえん》している成功のアプローチは、もっと頑張れ、最大限に努力しろ、というものである。とはいえ、想像力と意志の力が一体にならなければ、いくら努力しても効果は薄い。

> 私たち人間には四つの能力（自覚、良心、意志、想像力）がある。これら四つの能力は、人間を人間たらしめているだけでなく、現実と幻想を区別し、時計をコンパスに変え、人生の質を支配する法則に私たち自身の人生を合わせる力を与えている。

人間だけに授けられた能力を育てる

これら四つの能力を強くするには、日々手をかけて育て、常に働かせる必要がある。食事と同じだ。昨日の食事は今日の空腹を満たしはしない。先週の土曜日のごちそうが、今週木曜日に迫っている困難な状況の備えにはならない。毎朝、精神を統一し、信頼性やオープンマインド、正直、持てる限りの知恵で困難な状況に対処する自分を思い描いたほうが、はるかに効果的な準備になる。

ここで、人間だけが持つ能力を育てる四つの方法を紹介しよう。

●日記をつけることによって自覚を育てる

日記をつけ、自分の体験を深く分析し評価するのは、てこの作用が大きい活動である。自覚を高め、ほかの三つの能力を強化し、さらに四つの能力の間でシナジーを創り出すことができる。

●学習、傾聴、反応によって良心を教育する

ほとんどの人は、むしろ良心の成長を阻むような環境の中で生きている。良心の声を聴くためには、内省ができる人間にならなくてはいけない。ところが私たちは、内省という活動をほとんどしようとしない。あるいはやりたくてもできずにいる。そもそも、ほかのいろいろな活動、雑音、条件づけ、社会的なメディア、不完全なパラダイムの波にのまれて、内面の小さな声を感じとれないのだ。しかしその小さな声こそが、真北の原則を私たちに教え、原則にどこまで従っているか気づかせてくれるのである。

私は多くの人から「良心との闘いに負けてしまう」という声を聴いてきた。その場をやりすごそうとすると、嘘《うそ》や言い繕い、ごまかし、本音と建て前の使い分けになるからだ。それ

も仕事の一部なのだと彼らは言う。私はそうは思わない。それは仕事の「一部」ではなく、仕事「そのもの」になっているのだ。そのような正当化は、人間関係における信頼も、組織間の信頼も損なうだけである。

誠実に生きる、それはもっとも努力に値することだ。たしかに並大抵のことではない。あなたが信頼しているアドバイザー（代理店や会計士、顧問弁護士など）は、「そんな事件を公表するのは政治的な自殺ですよ」とか、「会社のイメージにマイナスです。そうならないようにしましょう」と言ってくるかもしれない。あなたは良心との板挟みになったような気分になるだろう。それでも良心がきちんと育っていれば、いわば心のコンパスが正確に調整できていれば、選ぶべきではない行動を選んでしまうのは、絶対にないとは言わないまでも、稀《まれ》であることは確かだ。選ぶのは、いつでもあなた自身である。人間だけに授けられた能力を賢明に使えば、正しい選択肢がいくつか見えてくるものである。

要は、良心（内面の奥底にあるコンパス）をどれだけ教育できるかどうかにかかっている。アスリートたちは努力して肉体を鍛えている。それと同じことを良心にもしなければならない。内面で不安を感じるほど、善悪の判断がつかないグレーゾーンが広くなる。グレーゾーンは誰しもある程度は持っている。特に教育や経験が限られている分野では、グレーゾーンは広くなる。しかし成長するにつれて、その場しのぎの取り繕いではなく、正しいと確信できることに基づいて行動を選択できるようになる。

誠実に生きる、それはもっとも努力に値することだ。

●約束をしてそれを守ることによって意志を育てる

意志を強くするもっとも効果的な方法の一つは、約束をしてそれを守ることである。約束したことを実行するたびに、私たちは自分の信頼口座に預け入れをするのである。信頼口座の残高が増えるほど、自分への信頼度も高くなる。自分や他者に対する約束を必ず果たせるということである。誠実な人格を築くためには、まず小さな約束をして、それを確実に守る。一歩ずつ進んでいくことが大切だ。

●イメージ化によって想像力を開発する

イメージ化は、てこの作用が大きく働くメンタル・トレーニングである。ワールドクラスのアスリートやパフォーマーが用いている手法だが、人生の質を高めることにも使える。たとえば、普通なら不快や心の痛みを感じるような状況に立たされている自分を想像してほしい。いつものように反応する自分ではなく、原則に従って、そしてミッション・ステートメントに書かれた価値観に基づいて行動する姿を心の目で見てみよう。将来を予測する一番の方法は、将来を自分でつくり出すことなのである。

根が果実を生む

原則中心の生き方から育つ謙虚さがあれば、過去から学び、将来に希望を持ち、尊大にならず自信を持って現在を生きることができる。尊大さは、自覚の欠如、無知、幻想、間違った自信の表れである。人生の法則をコントロールしているのは自分だと勘違いしているのだ。本当の自信は、原則に基づいて行動すれば、人生の質は上がるのだという静かな確信に根ざしている。それは人格と能力から生まれる。所有物や地位、資格、他人との比較は、安心感の土台にはならない。真北の原則に誠実であってはじめて、安心感を得られるのである。

正直に言えば、私自身も誠実であろうと努力してはいるが、いつどんなときでも誠実に有言実行しているわけではない。自分が教えていることを実践するよりも、人に説明し、こうしなさいと言うほうが簡単だとも感じている。だからこそ、正しい原則と一体となり、常に誠実であろうと決意しなければならないのである。

人生において原則を中心に据えない人は、政治的、社会的な手っ取り早い方法で成功を得ようとし、自分の倫理観もそのときどきの状況で定義される。そのような例は枚挙にいとまがない。彼らは「ビジネスなんだから」と言う。それはつまり、自分のルールでゲームをしていることだ。崇高なミッション・ステートメントを掲げているにもかかわらず、攻撃することさえビジネスの名のもとに正当化することもある。

時代を超えて不変の原則に中心を置き、それに従って生きてはじめて、道徳的、肉体的、社会的、経済的な幸福が持続するのである。

応用とアドバイス

❖ あなたは、自分にとって本当に重要なこと、「最良」のことをせず、「良い」こと、楽なこと、日常的なことだけで忙しくしていないだろうか？　あなたの人生において、最善の道を妨げる良いことは何だろう？

自分の人生で優先したいことをすべて日記に書き留める。次に、それらの優先事項をＡとＢに分類する。優先事項Ａを最優先し、確実に実行するための計画を立てよう。

❖ 想像力は、自分の将来を自分で創造する力を与える。どんなに困難な状況に置かれても、個人のミッション・ステートメントどおりに生きている自分を思い描くことができる。

あなたにとって、ミッション・ステートメントを投げ出したくなるような状況とはどのような状況だろうか、書き出してみよう。それらの状況でどのような行動をとればよいだろうか？

❖

誠実な人間になるために、まずは小さな約束をしてそれを守ることから始めよう。一週間、毎日一つずつ実行する。実行できたことを日記に記録する。

第四章　真北を見失わないために

愛よりも、お金よりも、名声よりも、私は真実がほしい。

ヘンリー・デイヴィッド・ソロー

普遍的で、時代を超えて不変の原則が私たちの人生を支配しているという考え方を正しいと思っても、原則に従って人生の方向性を実際に変えられるかどうかは、また別問題である。コンパスに従えば北に進むことはできる。しかし、コンパスを持っていても道を間違うことはよくある。この章では、針路を外れずに進むにはどうすればよいか考えていこう。

多くの人は、適切な価値観、原則、倫理観を身につけて正しい方向に進んでいると心の底から信じている。ところがあるとき、たいていは客観的な外部の力や危機的状況によって道に迷ったことに、あるいは少なくともベースキャンプの周辺をうろうろしていただけだということに気づかされる。フォーカス不足と価値観の歪みのせいで、回り道をし、袋小路にはまってしまい、多大なコストを払うはめになるのである。

では、第一の偉大さの原則を見失わずにいるにはどうすればよいのだろう？

私は長年、ボーイスカウトが使うシンプルなコンパスを使って真北の考え方を解説している。いろいろなところからやってきた聴衆に向かって、目を閉じて北の方角を指さすよう指示する。そして目を開けて周りを見渡してもらう。すると全員が笑う。皆がてんでばらばらの方角を指さしているからだ。

三つの歪み

正しい方角を向いているにはどうしたらよいのだろうか？　現実の組織の中で皆が同じ方角を向き、真北を目指し続けるには、どうしたらよいのだろうか？　これはそう簡単なことではない。誰しも判断力に歪みがあるからだ。この歪みには三つの原因があると思う。

一．建物（文化）

建物に入るとコンパスの針は少しだけずれる。建物の中の環境がコンパスの機能をわずかに歪めるからである。これと同じように私たちを取り巻く文化も、私たちの道徳的な感度に影響を与えている。しかし普段そのようなことを意識している人はほとんどいないだろう。私たちは、自分が今進んでいる方角が北だと思い込んでいるにすぎない。しかし大自然の中に出てみると、針は正確に真北を指すから、建物の中では建物の磁力のせいで真北からずれていたことがわかる。私たちの行動にも同じことがいえる。道徳的な文化の歪みのせいで、少しずつ針路を外れていっているのかもしれないのだ。

二．プロジェクター（サブカルチャー）

コンパスを裏返しにしてプロジェクターに置くと、プロジェクターそのものもコンパスの機能に影響を与える。この場合の歪みは、家族、集団、チーム、部門、企業などのサブカルチャーによるものである。影響力のあるものは、その影響力ゆえに真北の定義を歪めることもできるのである。

三．磁石（強い感情や個性、説得力のある思想）

次に私は小さな磁石を出してきて、コンパスの右脇に置く。すると、コンパスの針をコントロールできることがわかる。円を描くように磁石を動かしたり、前後に動かしたりして、コンパスの針をどんな方角にも向けることができるのだ。この例えで伝えたいのは、感情を強く揺さぶる出来事が真北の考え方に影響を与え、エゴむき出しの強烈な個性の人が私たちの真北の感覚を鈍らせ、あるいはもっともらしく語られる思想が私たちの認識を歪める場合があるということである。

これら三つの力のどれか一つでも、コンパスの針に影響を与えれば、真北からずれてしまう。いくつか組み合わされれば、影響力はますます大きくなる。しかし真北は一つしかない。

三つの力の結合

この三つの力（文化、サブカルチャー、個性や思想）が一つにまとまると、歪みは飛躍的に大きくなる。歪みどころか、真北を目指していると信じていながら、真南に進んでいくことにもなりかねない。

この状態は、飛行機のパイロットが方向感覚を失う「空間識失調」と同じようなものである。空間識失調とは、簡単にいえばめまいで、パイロットは運動感覚を失い、地上に対する自分の位置がまるでわからなくなる。傾斜した雲堤《うんてい》の中に入り、地上と平行に飛んでいると思っていて、そうではなかったと気づいたときにはもう遅い、などということもある。こうして引き起こされる墜落事故と同じように、個人や組織を襲うトラブルも、多くは倫理観の歪みによるめまいに原因がある。

基準に立ち戻る

それにしてもなぜ、多くの個人や組織が道を見失うのだろうか？　それは至るところで魅力的なメッセージや力が働いているからである。私たちに向けられるメディアのメッセージの多くは、何かにふけることを私たちに促し、私たちは無意識にそうしてしまうのである。

道を見失った人は、社会的な規範や内心の基準を曲解してまで汚職や隠れた不正行為を正当化しようとする。しかし優れたリーダーは常に謙虚だ。プライドを捨て、自分の力を分かち合おうとする。だから組織の内外での影響力が何倍にもなるのである。

謙虚な人は、自然の法則と調和していられる。自然の法則に反すれば、必ず自分自身も傷つく。原則を守るのだという強い責任感を持っている限り、人は誰でも、富や名声も含めて、成功にも失敗にもうまく対処できると私は確信している。優れた組織はどこでも、原則が自然の憲法のごとく最上位にあり、組織を支配している。経営者でさえも原則にはこうべを垂れる。原則の上に立つ人間は一人もいないのだ。

法の上に自分を置くと、自分自身が磁力となってコンパスの針を真北からずらし、尊大、そして挫折へと至る道を歩むことになる。

一般的には、政治家の技術というのは選挙で当選するためのものである。しかし、ある米国上院議員は違っていた。彼はぎりぎりまで次の選挙に出馬するとは口にしなかった。自分自身もスタッフも選挙のために態度を変えることはしたくなかったからだ。進むべき道からそれてしまうのを恐れたからだ。再選されるためにどうするかというような考えは捨て、有権者のためになることを実行するのだと決意していたのである。

そこであなたにやってみてほしいことがある。今日オフィスに行ったら、あるいは今晩帰宅したら、「私たちの目的、ミッションは何だろう？　それを達成するための一番の戦略は何だろう？」と、部下あるいは家族に問いかけてほしい。答えが各人各様であることに驚くはずだ。そして、同じビジョンを共有せず、正しい原則も用いずにいたら、ほかのすべてのものが混乱してしまうことがわかってくるだろう。会社にしろ家庭にしろ、そこには原則に基づいた文化ではなく政治的な文化が築かれ、あなたのもとに集まる人たちは原則をないがしろにし、政治的な思惑で動くようなタイプばかりになる。

信頼、自由、オープンな情報共有の文化のもとに家族やチームを結束させたいなら、原則を土台にした基本の価値観を共有しなければならない。そうしてはじめて、全員が共有する価値観の意識が一人ひとりの頭の中に深く刻まれるのである。

これをあなたの会社でもやってみてほしい。共通の価値観があることに気づくだろう。もちろん、一人ひとりの意見の違いはあるはずだ。しかしお互いを尊重し、シナジーを追求すれば、それらの違いを生かし始めるだろうし、そうなれば違いはむしろ強みだと思えるようになるだろう。

同じビジョンを共有せず、正しい原則も用いずにいたら、ほかのすべてのものが混乱する。

応用とアドバイス

❖ 私たちの周りには、価値観を歪める源がいくつもある。そしてその歪みが、最善かつ最優先の事柄から私たちを遠ざけてしまう。あなたの人生でそのような源は何か、日記に書き留めよう。針を真北に戻すために、どうすればその力を振り切ることができるだろうか？

❖ あなたは普段の生活あるいは仕事において、原則に反した行動をとっているだろうか？　それはどんな原則か？　そのような行動を正すにはどうしたらよいか書き留めよう。

❖あなたにとって、より効果的に生かせると思う原則は何だろう？　その原則をどのように活用できるか、書いてみよう。

❖今日オフィスに行ったら、あるいは今晩帰宅したら、「私たちの目的、ミッションは何だろう？　それを達成するためには、どのような戦略が必要だろう？」と問いかけ、結果を記録する。それを基に短期的な計画を立てよう。そのミッションと戦略を実行に移すために、これから数日間にできることは何か？

第五章　考え方のリプログラミング

人生のある部分で悪い行いをしているのに、別の部分で良い行いをしようとしても無理である。人生は分割できない一個の全体なのだから。

ガンジー

世界をどう見て、どのような信念を持つか、それが自分自身の行動を決める。その信念が頭の中に牢獄をつくることもある。牢獄に閉じ込められると、原則を中心に据えた生き方から離れてしまいかねない。第二の偉大さが第一の偉大さよりも良いのだと信じていたら、第一の偉大さを達成できる見込みはない。この章では、ものの見方や信念が、どのように人を牢獄に閉じ込め、変化することを阻むのか、その牢獄からどうすれば解放されるのか考えていこう。

以前ハワイのホテルの窓から見事な日の出を眺めていたとき、デール・カーネギーの言葉を思い出した。

二人の男が刑務所の鉄格子の間から外を見た。
一人は泥を見た。もう一人は星を見た。

自分が今置かれている状況で見えるものは、ものの見方、視野に大いに影響を受ける。見下ろせば、泥と鉄格子しか見えない。しかし見上げれば、日の光、月、星々が見えるのである。自分の役割や人間関係によって牢獄に閉じ込められているようだと感じている人は少なくない。生活のバランスが崩れ、ビジネスとプライベートを両立できないと感じているのだ。しかし閉じ込められている牢獄の格子は、ほとんど実体のないものである。星を見るのを遮るような物理的なバリアや制限は、多少はあるにしても、さしたるものではないのだ。

四つの根本原因

では、何が問題なのだろうか？ 私たちを鉄格子の向こうに押し込めているものは何か？ 私たちはなぜ、星ではなく泥を見ているのだろうか？ この問題は四つの根本原因から生じている。

一・感情の牢獄

たとえばあなたが誰かに失望し責め立てると、たいていはその人からレッテルを貼られ、その人の頭の中の牢獄に閉じ込められることになる。感情を抑えきれずに人を侮辱し、傷つけ、あるいは攻撃することもあるだろう。そのときは、自分のやったことは正しかったのだ、あのような激情をぶつけて当然なのだと思うかもしれない。しかし責められた本人はそうは思っていない。防御し、壁をつくり、鉄格子にレッテルを貼った牢獄にあなたを閉じ込めるのだ。そしてそのレッテルは自己達成的予言になりやすい。「彼は私を憎んでいる。私は彼を信じられない。彼は偏見に満ちている。彼は卑怯《ひきょう》だ」というように。人は、他者から扱われているとおりの人間に、あるいはこういう人だと思われているとおりの人間になりやすいものである。そしてあなたに貼ったレッテルを信じていたら、あなたに対する態度もそれに応じたものになる。

私が感情の一線を越えて怒りを爆発させてしまったら、相手の気持ちは必ず傷つく。しかし少しの間は、プライドが邪魔をして謝ることができない。相手は傷ついているし、お互いの関係は緊迫状態だ。単に態度を取り繕うだけで、私が悪かったと許しを求めずにいたら、相手はいつまでも私に対して猜疑心《さいぎしん》を持つだろう。相手はすでに傷ついているのだから、時間が経つほど私に対するガードは高くなる。身構え、私の態度の変化が本当なのだろうかと疑う。何をしても相手の気持ちを変えることはできない。なぜなら、私はその人が心の中につくった牢獄に入ってしまっているからだ。牢獄の鉄格子と壁はその人の気持ちであり、私に対する感情のレッテルなのである。

そもそも、仕事を終えると一目散に職場を出るのも無理からぬことなのだ。職場で徹底的に管理され、牢獄さながらの息苦しい場所から一分でも早く脱出し、いわゆる「リアルの生活」、自分にとって有意義な環境に戻りたいのである。

解決策：牢獄から出るための代償を払う

牢獄から出るには、自分の間違いを認め、許しを請うしかない。

> レッテルは自己達成的予言になりやすい。他者からどう扱われているか、どう思われているか、それが自分の行動にも反映されるからである。

二．アラ探し病

私たち人間には、他人の間違いが気になって仕方がないという性質がある。自分の大きな間違いは棚に上げて、他人の些細《ささい》な間違いだけが見えてしまうのだ。他人の間違いばかりに目を向けている人は、自分の人生における失敗を言い繕い、正当化する傾向がある。そのような人が他人の間違いを正そうとしても、うまくいくわけがない。たとえ自分が正しいとしても、アプローチが間違っていることもある。相手の気持ちを傷つける、排除する、攻撃する、脅す。自分の目の光線に惑わされて、自分自身の間違いがよく見えないこともある。そうすると判断を完全に誤ってしまう。単に自分の弱さを他人に投影しているだけなのに、それを相手の弱さと決めつけていることもあるだろう。内省の仕方が間違っているのかもしれない。自分のためだけの独りよがりな動機だったら、それは人生のあらゆる場面であらゆるネガティブなかたちに姿を変えるのである。

解決策：まずは自分自身に働きかける

どんな状況でも、改善するための第一歩は自分自身の間違いを見つめることである。自分の間違いを取り除いたら、他者のためになる道筋が見えてくる。裁く人ではなく、光を照らす人になるのだ。デニス・ジャフは、著書『Take This Job and Love（その仕事を手放さず、愛せよ）』の中で、責任を引き受け、被害者意識を捨てよとアドバイスしている。問題に向き合うことを学び、その仕事を辞めるか、それとも自分が変わってその仕事を愛するか、二つに一つだということである。

三．欠乏マインドの脚本

欠乏マインドの人は、基本的に全員分のパイはないと思っている。だから、誰かが一切れ取ったら、自分の分が減ったと思う。これはＷｉｎ-Ｌｏｓｅ（自分が勝って相手が負ける）の考え方につながる。あなたが勝って私が負けるのは嫌だ、というわけである。

人が欠乏マインドになる原因はいくつかある。たとえば子どもが親から条件つきの愛しか与えられていないと、良い行いをして愛情を得ようとするだろう。しかしそれでは、誰の内面にもある自尊心を感じとれないまま人生を送ることになる。あるいは学校や職場で比較ばかりされていたら、他者との比較の優劣が自分のアイデンティティを決めてしまうことになる。さらに、家庭や学校、職場、スポーツ、人間関係での競争が、この欠乏マインドを助長する。欠乏マインドは、次の四つのレベルで私たちに悪影響を及ぼす。

● 個人のレベルでは、欠乏マインドの脚本が人生の脚本になる。その脚本が内面に深く根づいてしまう。自分では気づいていなくとも、欠乏マインドの脚本のレンズで人生を見ている。ひいては、ものの見方すべてに影響を与えることになる。

● 人間関係のレベルでは、欠乏マインドのパラダイムは結婚生活や職場でのあらゆる人間関係に投影される。欠乏マインドのせいでＷｉｎ－Ｌｏｓｅの思考に陥り、顧客や取引先、ほかのあらゆる人たちとの関係にひびが入ることになる。

●リーダーシップの役割のレベルでは、欠乏マインドの人は自分の権限を誰とも共有したがらない。何としても鍵は渡すものかという態度になる。人にエンパワーメントしたら、自分の力が弱まると考えてしまうのだ。

これは自己達成的予言になる。人との比較がアイデンティティの基礎をなしている人は、いつも充足感を得られずにいる。だから自分が得た利益や知識、あるいは達成の評価をほかの人たちと共有すべきかどうか自問したとき、答えは「ノー」になる。知識、地位、評価、利益、これらは自分にとっての力だからである。

●組織のレベルでは、欠乏マインドはＷｉｎ－Ｌｏｓｅのシステムとなる。私たちはシステムの設計者であり、自分のものの見方に従って組織の構造やシステムを設計する。会社で士気向上のために報奨制度を設けても、ほとんどの人が負けるシステムになっていたら、皆が白けてしまい、支持されないだろう。

解決策：豊かさマインドの脚本を書く

豊かさマインドの人は、ものの見方が違っている。全員に行きわたってもなお余るくらいのパイがある、パイは増やせると考えるのだ。豊かさマインドはWin-Win（自分も相手も勝ち、すべての人が満足できる結果を得る）の考え方につながる。Win-Loseの考え方が身についている人は、Win-WinのシステムをWin-Loseに転換してしまう。豊かさマインドを持ち、Win-Winの考え方をできる人だけが、欠乏マインドとWin-Loseのサイクルを断ち切れるのである。豊かさマインドを育てていくと、Win-Winの考え方も身についていく。自尊心だけでなく、他者を尊重する気持ちも育っていき、他者への共感、優しさを示せるようになる。組織的行動というようなものはない。組織は個人の行動の集まりなのである。

ほとんどの人の例に漏れず私自身も、欠乏マインドを脱却して豊かさマインドを育てるために努力しなければならなかった。そのときに役立ったのは、優れたミッションをつくり、誰が正しいのかではなく、何が正しいのかを考えるようにしたことだ。誰でも欠乏マインドから豊かさマインドに変わることができる。ガンジーとて最初は、内気、不安、不信、そして欠乏マインドの脚本に縛られていた。そのことで彼は人々からともに歩むつもりはないのか、と詰め寄られていたという。ついに人生のビジョンを得たとき、彼はそうしたネガティブな感情を捨て、人々を導くことができたのである。

豊かさマインドを育てていくと、Win-Winの考え方も身についていく。自尊心だけでなく、他者を尊重する気持ちも育っていき、他者への共感、優しさを示せるようになる。

四．役割のアンバランス

私たちは一人でいろいろな役割を果たしている。どの役割でもやらなくてはならないことが多い。バランスをとらなくてはならないのは当然だ。バランスの原則を無視して生活していたら、いずれ燃え尽きてしまう。

ほとんどの人はバランスが崩れても何とかやっていけると信じて生きているが、それは間違っている。そのような考え方は、偽りの生活を生む。ガンジーは「人生のある部分で悪い行いをしているのに、別の部分で良い行いをしようとしても無理である。人生は分割できない一個の全体なのだから」と言っているが、私も同感である。家庭をろくに顧みずに仕事に追われ、それでいて素晴らしい家庭を築けると期待するのには無理がある。ソーシャルメディアばかりにふけっていたら、健康や生産性で代償を払うのは目に見えている。耳が痛いかもしれないが、これが現実なのだ。

私たちは皆、日々いろいろな力にぶつかり、バランスを崩して倒れそうになっている。目的意識がないと、いとも簡単に倒れてしまうだろう。人は目の前に見える世界を追求するものである。問題は、何が見えているのかである。あなたに見えているのは泥なのか、それとも星なのだろうか?

解決策その一：アンバランスな時期があることを後ろめたく思わずに素直に認め、それを長期的な視野に置いてみる

誰もが人生のさまざまな段階を通っていく。バランスが崩れている時期には、もっとバランスのとれた生活がしたいと望むだろう。しかし重要なのは、長期的なバランスである。今の生活がアンバランスだとしても、それは一週間、一ヵ月、あるいは一年のスパンで見渡したら、必要なアンバランスなのかもしれない。さらに進んで、たとえば仕事でのプロジェクトなど、数年間は何かに集中しなければならないこともある。しかし、仕事だけ、勉強だけというように、たった一つの役割だけに人生全部を投じていたら、家庭や友人、健康など、ほかのことは全部だめになってしまう。それでも、何かを犠牲にして一つのことに集中しなければならない時期には、罪悪感を持たず、長期的な視野を持つことが大切だ。

解決策その二：自分にとってもっとも重要なことに他者を巻き込む

自分にとって本当に意味のあることだからといって、それに没頭しすぎて、ほかの人たちや物事が目に入らなくなることがある。私もこれまで、そのような人を大勢見てきた。家庭を顧みず、人づき合いもしない。娯楽もほとんどせず、食事の時間さえ惜しんだりする。このような生活が必要な時期もあるかもしれない。

しかし、その重要な事柄に家族や友人を巻き込めば、彼らの疎外感は和らぐだろう。それどころか、彼らの気持ちが鼓舞され、積極的に応援するようになるかもしれない。あなたの仕事に家族を巻き込んでみよう。ビジョンを語って聞かせれば、そのミッションを達成するための一員と感じてくれるはずだ。私もそうしている。出張に一緒に連れていったり、ほかにもいろいろなかたちで巻き込んでいる。

解決策その三：望む結果のビジョンを共有する

たとえば何人かで旅に出るとしよう。全員がそれぞれに違う行き先を考えていたら、どうなるだろう？　組織の中で情報が統一されていないのは、基本的にはこれと同じ状況である。曖昧《あいまい》なビジョンに基づいて決断させたり、行動させたりしてはいけない。やりがいのある有意義なプロジェクト、目標、目的のビジョンを共有してはじめて、懸念が払拭《ふっしょく》されるのである。一つの明確な、崇高な目的のもとに結束した人々は、自分のエゴを抑えられる。その目的を達するために、気持ちも意見も一つにまとまる。

解決策その四：相互補完的なチームを築く

細かく管理するのをやめ、一人ひとりのリーダーシップを開発し始めよう。ほとんどの企業は、そして家庭も、過剰なマネジメント、過少なリーダーシップ状態にある。もちろん、その逆もある。過剰なリーダーシップ、過少なマネジメント状態もよくない。マネジメントとリーダーシップの両方が必要であり、バランスがとれていなくてはならない。

私自身のビジネスについていえば、リーダーシップのほうに力が入りすぎるきらいがあり、マネジメントがおろそかで、会社の財政がピンチになったことがある。そこで、財務面のマネジメントにたけたスタッフを入れて相互補完的なチームを編成する必要があった。このチームはまたたくまに私の強みをいっそう引き出し、私の弱みを目立たなくしてくれた。たいていの人は自分と似たような人間と組みたがるだろう。しかし本当に必要なのは、自分とは違う人たちである。精神的に自立していてあなたに依存せず、あなたの強みをさらに引き出し、弱みを補ってくれる人たちをそばに置くべきである。

解決策その五：貴重な時間は大切な人と大切な目的のためにとっておく

リーダーはバランスをとることに苦労している。身体がいくつあっても足りないほど忙しいからだ。私の場合は、講演やイベントが次々にあるので、創造的な活動の時間を確保するのが難しい。そこで家庭での時間をこれに充てている。子どもたちとゲームをして遊ぶ時間、森を散策する時間などをとっておき、家族と心置きなく過ごすようにしている。最優先事項を中心にして長期的な計画を立てると、このような時間を確保できる。家族の大事なイベントは二年前に予定を組み、絶対に外さないようにしている。その時間をフェンスで囲っておくような感じだ。

解決策その六：あなたの大切な人にとって大切なことを自分にとっても大切なことにする

自宅にいるとき、私は妻と子どもたちに全身全霊を捧げる努力をしている。どんなふうに過ごすかは、家族に決めさせ、家族の思いどおりのことをする。外出したいと言えば、一緒に出かける。私はゴルフは苦手なのだが、息子は大のゴルフ好きである。だから私もゴルフをする。息子を大切に思っているからである。

子どもたちが成長していくにつれ、ときにはただそばにいてやるだけでも大きな意味があるのだと気づいた。私自身の思惑は何もなく、何も言わずにひたすらそばにいる。しばらくすると、子どもたちは話したいことをぽつりぽつりと口にし始める。それでも私は黙ったまま、身も心もおまえのそばにいるのだということを伝えなくてはならない。あなたが耳と心を開き、口を閉じて、わが子のそばにいてやれば、自然と心を開くはずだ。

応用とアドバイス

❖ 次の質問への答えを日記に書き留めよう。

・今あなたは、牢獄に閉じ込められたように感じているか？
・鉄格子の向こうにあなたを押しとどめているものは何か？　星ではなく泥を見ているのはなぜか？
・轍《わだち》にはまり、前に進めない気持ちにさせている原因は何か？

❖ あなたは不適当なレッテルを貼られているだろうか？　そのレッテルはあなたの行動をどのように支配していただろうか？　逆にあなたが職場やプライベートで誰かに間違ったレッテルを貼ったことがあるだろうか？　小さな一歩でよいから、今日からそのレッテルを剝がすことを始めよう。

❖ 次の質問への答えを書こう。

・あなたは豊かさマインドの持ち主だろうか？
・利益をほかの人たちと分かち合いたいと心から思えるだろうか？
・評価をほかの人たちと分かち合えるだろうか？
・知識をほかの人たちと分かち合えるだろうか？
・欠乏マインドになってしまうのはどんなときだろう？
・知識、成果、評価を分かち合う機会を見つけて、実行しよう。どんな気分になるだろうか？

❖ リーダーシップに力を入れ、マネジメントのしすぎを控える。ほとんどの企業、家庭は、過剰なマネジメント、過少なリーダーシップの状態にある。マネージャーではなくリーダーになるために、今日あなたにできることは何だろう？

第Ⅱ部

成功のための
12のてこ

プライマリー・グレートネス
幸福で充実した人生のための１２の原則

第六章　誠実さのてこ

信念を持たない人間は、あらゆることに流される。

ゴードン・A・イーディー

誠実さは、第一の偉大さの一番目のてこである。誠実さを失っている人は、本当の自分ではない、見せかけの自分で生きている。あなたが偽りの人生を生きていたら、あなたの良心に、そしてあなたを頼っている人たちに、重荷がのしかかる。しかし誠実さは、あなたの人生からその重荷を解放する。第一の偉大さを達成している人は、誠実さが人格に深く刻みこまれている。この章では、誠実という原則に人生の中心を置くことを取り上げる。

企業で倫理について話すと、たいていは間違った方向に話が進んでいく。倫理と法的問題を混同している人がほとんどだからである。あるいは誠実なアプローチよりも、倫理的なアプローチに合わせるほうが正しいと思い込んでいる。

それとは対照的に、誠実なアプローチをとると、すべてのものを自然と倫理的なレンズを通して見るようになる。その結果として、すべてが統合され、瑕疵《かし》のない誠実な状態になる。

第一の偉大さとは、**ありのままの本当の姿**のことであり、第二の偉大さとは、**見せかけの姿**のことである。

シェイクスピアの戯曲『ハムレット』の中で、ハムレットは誠実という問題と格闘して、このように言う。「人間とは何という造化の傑作か、高貴な理性、無限の能力、優美な姿、敏速正確な身の動き、天使さながらの活動、神のごとき悟性、この世の美の極致、生きとし生けるものの典型」彼は助言する。「動作をせりふに合わせ、せりふを動作に合わせるのだ」彼は悟る。「人間とは一体、なんだ、食っては寝るだけが人間の能だとしたら？　畜生とどこが違う？　前を見、後ろを見、それで物事を考え計画する、そんな知力をふんだんに人間に授けてくださった方は、この能力、神のごとき理性が、まさか使われずに黴《かび》を生やすなどとは、思ってもいらっしゃらないに違いない」そして母親の王妃に答える。「見えるですって？　いや、事実そうなのだ。見える、とやらは、僕の知ったことではない」

誠実さを欠いている人は「見える」ものしか理解できない。彼らは、本当の自分ではない見せかけの自分を生きている。本当の自分よりも、ほかの人たちからどう見えるかが気になるのだ。内心の思惑を隠し、あるいは体面を保つために偽りの顔をつける役者なのである。

私がノースカロライナ州の仕事をしていたとき、州のモットーがラテン語で「Esse quam videri」とプリントされたシャツをもらった。意味は「見せかけより実質を」である。

第一の偉大さを達成しようとする人は、これをモットーとすべきである。しかし残念なことに、「見せかけ」が本当の誠実さと置き換わっていて、しかも「本当の自分」は「見せかけ」とは大きくかい離しているのである。

誠実さを欠いている人は「見える」ものしか理解できない。彼らは、本当の自分ではない見せかけの自分を生きている。本当の自分よりも、ほかの人たちからどう見えるかが気になるのだ。内心の思惑を隠し、あるいは体面を保つために偽りの顔をつける役者なのである。

誠実さの二つの特徴

では、どうすれば誠実さに到達できるのだろうか？

私は誠実さを二つの人格的特徴から生まれた子どもと考えている。二つの特徴とは、謙虚と勇気だ。

謙虚さとは、いろいろな経験を積んだ後、原則がすべてを支配していると悟る境地である。謙虚な人は「私がコントロールしている」とか「自分の運命は自分で決められる」というようには考えない。このような考え方は、ここ数十年の成功に関する啓発本の共通テーマでもあるが、社会的価値観から産み落とされたものに他ならない。そして今の社会的価値観の土台は堅固な原則ではなく、流砂のようなエゴや意見なのである。

国際的な通信会社の社長から、会社のミッション・ステートメントを見せてもらったことがある。「私たちは、個人の価値を尊重し、社会を強くする確かな価値観を実践することを決意します」と書いてあった。その社長に「あなたの基本的な価値観は何ですか？」と尋ねたところ、「誠実、卓越、奉仕、収益性、気配り、真摯《しんし》、高い倫理基準」という答えが返ってきた。

私はこう返答した。「たしかに企業の価値基準として申し分ありません。普遍的で不朽の原則と密接に結びついていますから。ただ問題は、それらを日々の事業活動にどのように統合するかです」私が伝えたかったのは、すべての社員がすでに感じていることだった。つまり、法律、倫理、道徳の基準を重視するというのは、ポスターにして社内の壁に掲示することではなく、全社員の態度と行動に反映されなくてはならないのである。

この謙虚なビジネス・リーダーは、有言実行の大切さをよく理解していた。語ったこと（会社としての価値観）は、原則に基づいて必ず実行されなければならないのである。彼は、支配しているのは自分たちではなく自然の法則と原則であること、そして謙虚な態度は、ある意味ですべての美徳の母であることに気づいてくれた。あらゆる美徳は現実を直視する精神から生まれるのであり、それが謙虚な態度につながるのである。

そして、あらゆる美徳の父は勇気である。勇気が試されるときこそ、美徳を実行する決意の度合いがはっきりするからだ。結局のところ、すべての価値観が試される。そこで試されるのは、自分の価値観、人生、習慣を原則に合わせるのか否かである。「本当の自分であるべきかどうか」という重要な問いかけなのだ。見せかけの自分を選択する余地はないのである。

言い換えれば、自分は原則に従って生きるのか、と自問することだ。謙虚さは持っているかもしれないが、勇気はどうだろう? 社会的価値観という強い流れに逆らって泳げるだろうか? すでに身についている行動スタイルに逆らって行動できるだろうか？　自分の時間を「食っては寝る」こと以外に充てられるだろうか？　「この能力、神のごとき理性」を正しく生かせるだろうか？　勇気を欠いていたら、自分の信念に従って行動することはできない。原則に基づいた率先力でさえ、勇気がなければ、そのときどきの流行にすぎない社会的価値観に押し潰されかねない。

謙虚さと勇気の両方を持っていれば、誠実さは自然と育つ。誠実とは、原則に従って生きることであり、外部からではなく内面から安心感を得ていることである。私の友人の言葉を借りれば、「すべての人間関係で最高レベルの正直と信頼性を維持すること」でもある。

謙虚さを欠いていたら、誠実にはなれない。あるいは謙虚であっても、信念に従って行動する勇気を欠いていたら、誠実にはなれない。裏表のある人間、偽善的な人間になってしまう。原則に根ざした人格（人格主義）ではなく表面的な個性（個性主義）を信奉する生き方になるのだ。誠実でない人は、人格の倫理的な基準から逸脱した個性をことさらに見せようとする。それは偽りの姿である。偽の誠実さとは、外的なものに安心感を求めることである。人に受け入れられ、人と比較して自分が優位に立っているときしか、安心感を得られないのである。

私は、拙著『7つの習慣 人格主義の回復』の最後で、この本に書いたことのほとんどは自分でも実践するのに苦労していると読者に告白している。しかしその苦労はやりがいがあり、必ず実を結ぶ。人生に意味を与え、人を愛し、人に奉仕し、何度でも挑戦する力を与えてくれるからだ。誠実に生きるというチャレンジは、いつも私の目の前にある。

だから私は、これまでの人生を通して、常に自分自身と対話してきた。自分が完全に実践できていないことを教える権利があるのだろうか、と自問する。その過程で、心理学者カール・ロジャースが「もっとも個人的なことはもっとも一般的である」と言っていたことは真実なのだと気づいた。ほとんどの人が、同じように内面の対話を体験しているのである。

私はまた、自分自身と対話をするとき、この秘密の自我こそが洞察の生まれる戦場であることも発見した。内面にある本当の自分の真実に迫るほど、皮肉にもほかのすべての人たちと共感し合える洞察を得られるのである。

経済危機は、この教訓を教えてくれる。ここ数年、不祥事を起こし評判を落とす企業が次々と出ている。金融業界は、常に誠実である必要はないという商習慣が災いして低迷している。多くの大企業は、謙虚さを欠き、自分たちがしていることの現実から目を背けているために、業績を下げている。そして一部の企業は深く後悔し、反省している。

世間体を気にして謙虚な態度をとっている人も多いだろう。しかしやはり、自分が主体的に謙虚な態度を選んだほうがいいに決まっている。内面の安心が育ち、判断力ができていくと、状況など外的な力に強制されるのではなく、良心の働きによって謙虚になれるのである。

自己分析し、それを生かさなければ、自分の動機を外の世界に投影して生きることになる。その狭い視野のまま、自分は世界を見ているのだと思い込んでしまう。客観的な内省ができず、自己投影を続けていたら、自分自身のことも他者のことも誤解する。本当の自分を知るためには、正直に内省する努力をしなくてはならないのである。

三つの自己

個人には三つの自己がある。公的自己（社会的イメージ、ペルソナ）、私的自己（家族や親しい友人など、気のおけない人たちと過ごす私的な場での行動）、そして内面の奥深くにある秘密の自己である。私たちは秘密の自己において、遺伝子コードや境遇、社会的条件づけに根ざした自分の人生の脚本、あるいは自分の動機、気質、習慣を見つめる。そこで誠実さが生まれもすれば、失われもするのだ。

ほとんどの人は、公的自己を使い、アウトサイド・インのアプローチで影響力を働かせようとする。しかし効果性の高い人は、秘密の自己から生まれるインサイド・アウトのアプローチで影響力を働かせる。あなたが内面の奥深くにある本当の自分を見せれば、人は裏表のない誠実なあなたを信頼する。

自分を知り、私的自己と秘密の自己のレベルで受ける影響をはねつけず、真摯《しんし》に向き合うようになると、他者にも影響を与えられるようになる。周りの人たちは、あなたが他者の影響やフィードバックを受け入れる人だと感じとり、心を開いてあなたと交流するようになるからだ。他者に影響を与えられる人間になるには、まず自分を知らなくてはならない。

歴史上の偉人たちから学べるのは、「自分を知ること」「自分を抑えること」「自分を与えること」である。そしてこの順番も重要である。

仮にあなたが私を傷つけるようなことを言って回っているという噂《うわさ》を耳にしたとしよう。私は自己認識を働かせて、「この噂《うわさ》に過剰反応してはいけない。おまえには周囲の人たちがみな敵だと思い込むところがある。そういう思い込みで彼の言っていることを臆測してはいけない。本人のところに行き、じかに話を聞いたほうがいい」と自分に言い聞かせる。

次はどうなるだろう? 私は自分の思い込みやすさを自覚したから、あなたのところに行き、じかに話を聞く。そしてほとんどは杞憂《きゆう》だったことがわかる。私が誠実な人間であれば、「だいぶ気が動転していた。でもこの問題には感情的にならずにきちんと対処するよ」とあなたに話すだろう。自分を知り、自分に責任を持つ。噂《うわさ》を信じてあなたを攻撃したりはしない。こうしてあなたと話し合えば、あなたが私に影響を与えるのを許せるのである。

伝説的な心理学者のカール・ロジャースは、内的一致が乱れていると感じているときは、否定、知性化（過度の合理化）、正当化、投影など、さまざまな心理的自己防御を用いると指摘している。たとえば投影は無意識のうちに自分の動機を他者に転嫁する心の動きで、相手も同じような動機で行動しているのだと自分勝手に判断してしまうのである。

私は以前、メーン州ベスルで心理実験に参加したことがある。心理的不一致の実験で、私たちが人生の困難な局面でどのような防御メカニズムを働かせやすいかを特定するものだった。私たち被験者は、防御メカニズムに知性化を用いるグループ、正当化を用いるグループ、否定を用いるグループ、投影を用いるグループに分けられ、グループごとに作業を行った。

私の防御メカニズムは知性化だった。このグループの作業の様子は想像に難くないと思う。全員が学者だったが、学者という職業を選んだのは、一つには安心志向が働いていたからだ。私たち学者は思考と理論的抽象性に逃げ込むことができるわけである。したがって、与えられた作業を前にして分析力がまるで機能せず、作業は一向に進まなかった。

別の部屋では、投影のグループが作業していたが、全員が自分の動機を誰かに転嫁し、お互いを責めていた。このグループもやはり行き詰っていた。

否定のグループも作業は進んでいなかった。「与えられた課題の意味はそうじゃない」とか「そういうことをするんじゃないと思う」というように、誰もかれもが否定ばかりしていたからだ。


この実験からも、難しい問題に直面したときに自分の動機と態度を客観的に見つめ、自問することがいかに大切かを学んだ。自分の人生に対する責任から逃れ、知性化の罠《わな》にはまることがいかに容易か、思い知らされたのである。あなたも何かの自己防御メカニズムが働いて、同じような罠《わな》に陥ることがあるかもしれない。

内面と外面の一致の度合いが高いほど、他者に対する影響力も強くなる。私は以前、この実例を目の前で見たことがある。私をひどく侮辱した友人が、謝りにきたのである。私は彼に「君の心からの謝罪、どんなにうれしいか言葉では言い尽くせない。どうしてそういう境地になったんだい?」と言った。彼はこう答えた。「自分自身を深く見つめて、対話したんだよ。本当の自分がわかるまで自分と対話して、『エゴと良心のどちらに従うつもりなんだ?』と自問した」そして少し間を置いて「良心に従う決心をしたんだ」と言った。

友人は日頃から良心を大切にしているから、エゴとの闘いでは必ず良心に従う決断する。良心の声を聴くことが、習慣として身についているのだ。その誠実さゆえに、彼は他者に大きな影響を与えることができるのである。

多くの人は心の中で自分と対話する。しかし人前で間違いを認め、謝り、あるいは意見を変える勇気がない。勇気は誠実であることの結果なのである。日頃から誠実さを育てていないと、自分の間違いを認めて軌道修正を図る勇気はいつまでたっても持てない。

誠実さの果実

誠実な人は、自分の人生をいささかの迷いもなく信じることができる。

- 誠実さから生まれる一番目の子どもは**賢明**である。あなたが内面から安心感を得ているなら、判断力も向上する。物事に過剰反応しなくなる。二者択一で考えなくなる。些細《ささい》な出来事を大惨事のように騒ぎ立てなくなる。極端に走らず、人生全体のバランスがとれるようになる。賢明であれば、正しい視野に正しい縮尺で物事を置き、眺めることができる。だから過剰反応も過少反応もしない。シェイクスピアも書いているように、「動作をせりふに合わせ、せりふを動作に合わせる」ことができるようになるのだ。

● 誠実さから生まれる二番目の子どもは**豊かさマインド**である。自分の内面から安心感を得ていれば、他者と比較ばかりすることがなくなる。だから人生に対して豊かさマインドを持てるようになる。他人が自分より評価されたり、自分より人生で成功したりしても、気にならない。人生にはたくさんのリソースがあり、それは常に拡大し、増していくのだと考えられるようになる。ハムレットは「いいも悪いも本人の考え次第」と言っている。逆に欠乏しか目に入らなければ、欠乏しか得られない。しかし、あなたの周りに隠されている豊かさを探せば、それらのリソースをてこにすることができるのだ。

● 誠実さから生まれる三番目の子どもは**シナジー**である。周りの人たちからどう思われるか気にして内面の安心が脅かされなければ、他者と協力し、Win-Winの精神でより良いアイデアを生み出すことができる。良いアイデアを出して自分の手柄にしようというような下心を捨て、最善の第3の案を見つけるつもりで、勇気と思いやりを持って自分の考えを伝えられるようになる。

- 個人の誠実さ、組織の誠実さは、もう一つ甘い果実をもたらす。それは利害関係者との**信頼関係**である。個人として真の誠実さを持っていなければ、誠実な人間関係を築くことはできない。競争力や柔軟性、対応力、品質、経済的な付加価値、顧客サービスなども含めて、企業が最終的に得られる利益は、信頼関係のあるなしで大きく異なってくる。要するに、誠実な人だけが信頼されるのである。

企業の倫理教育プログラム

誠実さと倫理観がこれほど重要であるというのに、個人のレベルでも組織のレベルでも、倫理的な基準に反する行動があまりに目につく。なぜなのだろう?

もう何年も前から、大学や組織では倫理教育に力を入れている。組織は倫理教育プログラムにかなりの資金を投じている。しかし悲しいかな、大手企業の倫理担当役員を務め、最近引退したある人物はこう話している。「表向きのイメージ、見せかけばかりを気にする役員が少なくありません。実際、倫理教育プログラムは社会の批判や社内の要求に応えて始められるのがほとんどです。倫理担当役員は内部告発者の窓口になります。権限がなく、情報も少ないために、問題があってもどのように解決したらよいかわからない社員もいますから、そうした社員の声を聞かなくてはなりません。リーダーが目的で手段を正当化したら、社員はそのシグナルを察知します。誰が雇用され、誰が昇進し、誰が見返りをもらっているか、それはなぜなのかに注意を向けるようになり、何をしても許されると勘違いして倫理基準を逸脱している人間がわかってきます。倫理教育プログラムによって、セクシャル・ハラスメントなどの問題に対する社員の意識は高くなります。ところが、上司の非倫理的な行動を部下が止められるのは稀《まれ》です。それどころかプログラムの存在が逆に非倫理的な行動を巧妙化させ、目立たなくさせるというデメリットも生じかねません。ますます倫理的な道を逸脱してしまうのです」

倫理的に見えるように事業を行うのは、基本的に間違ったアプローチである。なぜなら、原則を受け入れ、独りよがりな価値観ではなく原則に従うという謙虚さの問題ではなく、プライドが優先しているからである。個人の内面あるいは組織の中に倫理観や価値観があっても、それらが深い部分で統合し定着していないのである。

大学や企業が倫理を扱う講義やトレーニングを設けると、そこで教わる特定の基準枠でさまざまな倫理的問題を見始め、普遍的な基準枠、つまりすべての物事を見るときの誠実さという基準枠が支配する視野が持てなくなる。

倫理のジレンマは品質のジレンマと同じである。社内に品質部門を設けたら、それで終わりということにはならない。製品が完成してから品質を上げることはできないのだから、設計段階から品質を組み込み、完成までのプロセスで品質のレンズを通して見なければ、品質の向上にはつながらない。個人の倫理観も同じで、一人ひとりの内面を検査することはできない。しかし各人が倫理的に行動する責任を引き受けるようになれば、リーダーがとりたてて対処する必要はなくなる。組織の倫理的行動は倫理担当部門の責任ではなく、社員一人ひとりの行動で示されるようになるからだ。

> リーダーが目的で手段を正当化したら、社員はそのシグナルを察知する。誰が雇用され、誰が昇進し、誰が見返りをもらっているか、それはなぜなのかに気づき、何をしても許されると勘違いして倫理基準を逸脱している人間がわかってくる。

リーダーが倫理基準をきちんと守り、オープンマインドな人であれば、部下も自然とそうするものである。某大学の学長を務めていたある人物は、引退するとき、理事長から次のような言葉を受けたそうだ。

「正道を外した手段によって、職業的、社会的あるいは経済的成功の頂点に到達する人も中にはいるだろう。それより真面目な人でも、トップに昇り詰める過程で愛する人や友人、同僚への思いやりを欠く場合もある。誠実、献身、家族や友人への思いやりを兼ね備えた人は、そうそういるものではない。君は、その類いまれな一人ですよ」

倫理と日常業務とを切り離している組織があまりに多い。職業倫理の担当部署があっても、彼らの仕事のほとんどは有言実行のできていない社員に事後的に対応するものであって、法に反する行動をすれば逮捕されるだけだと考えている。訴訟を軽くしてほしいという苦情に対応することはあっても、彼らのアプローチは予防的、総合的なものではない。

倫理に対する企業のスタンスと社員の行動にかい離がある限り、企業の倫理基準を守ろうとする義務感は誰も持てないのである。

倫理基準を作成するプロセスを焦らず、結果を明確に発表し、形式的なだけで無意味な手順を排除することができれば、あなたのビジョン、ミッション、倫理観、価値観は明確に伝わり、意味のあるものになるはずだ。倫理基準の作成に社員を参加させ、社員と一緒に定期的に見直すことで、組織に謙虚と勇気の文化を築いていくことができる。

倫理基準がすべての活動の源泉となれば、それは組織の憲法になる。そうなれば、「倫理的に見える行動」は不要になる。誠実な組織であれば、社員に倫理的な行動をさせるための特定の部門を設ける必要はない。組織そのものが第二の家庭となるからだ。人やプログラム、政治的な駆け引きではなく、原則が物事をコントロールするのだということをわかっているから、社員は謙虚になることができる。誰もが普遍的な原則を信じているだけでなく、原則に従って行動する勇気を持てるのである。

応用とアドバイス

❖ 次の質問への答えを日記に書こう。
- 誠実な人とはどのような人だと思うか？
- あなたの人生のどのような場面で、もっと誠実さを示せるか？

・そのような場面で誠実に行動してみる。どんな気分になるだろうか？

❖

あなたが勇気を発揮できているのは、人生のどのような場面か？　謙虚になれるのは？　現在、あなたは誠実さの果実をどの程度味わっているか？　もっと勇気を発揮できたと思う状況、もっと謙虚になれたと思う状況を一つずつ書き、次の機会に実行してみよう。

第七章　貢献のてこ

先生の周りをご覧ください。この部屋には先生がかかわっていない人生は一つとしてありません。先生のおかげで、私たち一人ひとりがより良い人間になれました。ホランド先生、私たちはあなたのシンフォニーです。私たちは先生の作品のメロディーであり、音符です。私たちは先生の人生の音楽なのです。

――映画「陽の当たる教室」より

第一の偉大さに到達できるのは、自己を超越した崇高な目的、ミッションを持ち、長く受け継がれる貢献をする人である。多くの人はほとんど自分を省みず、「世界が私に求めていることは何か？　私はほかの人たちの人生にどのように貢献できるだろう？」というように、潜在能力を解き放つ自問をせずに楽な道を選んで生きていこうとする。この章では、自分にしかできない貢献、つまりあなたが残したいと思う遺産について深く考えてみてほしい。

景気がひどく落ち込んでいた時期、こんな質問を受けた。「今進められている大量の一時解雇をどう思いますか？」

私は次のように答えた。

「それは一つの事象にすぎません。経済のグローバル化が進み、職場に新しいルールが適用されつつある現在、質が高く、コストの低い生産者との競争を大局的に考えなくてはなりません。アジア、南米、インド、中国、中東など新しい経済圏が成長してきていますから、現在の競争は過去に経験したことのないものです」

職場の心理的契約（雇用時の暗黙の了解）の世界的な変化が進んでおり、これからは多くの個人が責任転嫁モードに入り、自分が抱える問題を組織や社会、政府のせいにするようになるだろう。

自分を設計し直す

こうした人たちに必要なのは、自分が今いる場所を批判するのではなく、自分の目的を考え直し、新しい現実に適応するように自分自身を設計し直すことである。そのために必要なこととして、特に次の三つを挙げておきたい。

一．自分にとっての真北を実感すること

まずは、組織に貢献するビジョンと普遍の原則に基づいた価値観に従い、個人のミッションを定義しなくてはならない。明確なミッションがなければ、社会の強烈な力や流行に惑わされ、結局は反応的な生き方しかできなくなる。自分の問題を他人のせいにしていたら、自分の将来を主体的に築けなくなるのだ。

二．リスクを負うこと

三つのリスクを主体的に負う。

●話し方

上司や同僚、そのほかの利害関係者と話すときには、相手を思いやりながら勇気を持って自分の意見を話す。

●聴き方

組織内で起きていることを理解するつもりで、相手の身になり共感して話を聴く。たとえその情報が自分の世界観を崩す可能性があっても、真剣に耳を傾ける。

・行動

仕事をより効果的に進めるためのプロセスが導入されるときなどには、気楽に活動できる安心領域を出て創造的になり、学んだことを他者に教えることによって、新しい現実に次第に適応していく。リスク・テイキングは将来を築いていくリーダーの重要な特徴である。ある意味では誰もが起業家とならなくてはいけないのだ。ネットワーク組織あるいは大企業の中でいろいろなプロジェクトを担当するなら、新しい仕事を任されるたびに経営者の意識を持ち、価値を上げる努力をしなければならない。一つの組織で勤め上げるのではなく、転職でキャリアアップしていきたいなら、一つひとつの仕事をやり遂げ、その仕事でどのようにニーズを満たし、価値を高めたか記録しておくとよいだろう。

三．生涯学び続けることを決意し、実行する

自分の知識とスキルを高め、幅広く読書し、自分が置かれた環境に作用している強い力を認識できるようなることを自分自身の責任として引き受けなくてはならない。世界の科学技術の動向に関する情報を追うだけでなく、場合によっては人文学や芸術の教育を受ける必要もあるかもしれない。こうした教養は学習し続ける知力のキャパシティを広げる。さらに、内面を豊かにして生きる

ためにも、科学技術の知識の上に位置づけられる価値観を構築する必要がある。

これら三つのことを実行できれば、仕事、家族、子ども、コミュニティなど身近な範囲をはるかに超えて影響力を広げていけることがわかるだろう。自分にしかできない偉大な貢献を残せるのである。

人生の芸術家

世界が必要としているものと、あなたが提供できるものとを結びつけるために、次の三つの質問に答えてほしい。

- 世界があなたに求めていることは何か？
- あなたの得意なことは何か？
- 自分がやりたいことにベストを尽くし、なおかつ現実のニーズを満たすために、今の職場でどうすればよいか？

これらの問いに答えれば、私たちが人生を創造する芸術家にならなくてはいけないことがわかるだろう。

映画『陽のあたる教室』は、人生の芸術家になることの必要性を力強く描いている。主人公のホランドは作曲家を目指す上昇志向の強い人物で、一時的な腰掛けのつもりで高校の音楽教師になる。作曲家になる夢にまったく結びつかない教師の仕事を最初は嫌っていた。しかし数ヵ月、数年と経つうちに、生徒たちへの愛情が深くなっていく。彼は作曲に生涯をかけたかったが、結局は自分の作品が凡庸なものであることがわかる。しかし彼は、何千人もの若者の人生にかけがえのない貢献をした。それは魂の貢献だった。

今、人々は魂の飢餓を感じている。それは一つには、過去数十年、芸術に背を向けてきたことによる飢餓だ。私は以前、ＳＴＥＭ（科学、テクノロジー、エンジニアリング、数学）を基礎とする私立学校を訪ねたことがある。この学校は現在、自然科学だけでなく芸術の分野にも力を入れている。自然科学以外の能力はこれまで軽視していたが、情緒面の能力、ＥＱ（心の知能指数）の重要性に気づいたからである。

ＩＱとＥＱの両方を高める努力をし、価値の向上、継続的な学習、信頼関係の構築、時代を超えて不変の原則を中心に置く生き方を大切にすることが、新しい時代の労働者、リーダーのあり方である。これは個人の再生を啓発し、ひいては組織の再生につながる。

> 世界が必要としているものと、あなたが提供できるものとを結びつけるために、三つの質問に答えてほしい。世界があなたに求めていることは何か？　あなたの得意なことは何か？　自分がやりたいことにベストを尽くし、なおかつ現実のニーズを満たすために、今の職場でどうすればよいか？

リーダーシップの二つの側面

私的成功

多くの人は自分が変わらなければならないとわかっていても、いざとなると変わることに抵抗する。こうして、リーダーになるために必要な二つの側面の一つ、私的成功を逃してしまうのだ。

私的成功とは自分自身に勝つことである。自分の人生を誠実に導き、自制心を持って自分を管理できなければ、他者を導くリーダーには到底なれない。

それなのに多くの人が私的成功を果たせずにいるのはなぜだろう？　それには四つの理由がある

と思う。

- 自分の人生の責任を他人や境遇に転嫁している。
- 自分のミッションや理念、信条について考え、明確にする時間をとっている人はほとんどいない（五〜六％程度）。
- 個人のビジョンとミッションは明確にしていても、安心領域から出てリスクを負い、努力するのを嫌がる人が少なくない。ビジョンとミッションの追求という最優先事項は後回しにし、優先順位の低いことだけをやっている。
- ビジョンとミッションに取り組む心構えもスキルもない。生涯学び続けるというパラダイムが家庭や組織の文化に深く根づいていない。これでは私的成功は絶対に達成できないし、公的成功はなおさら無理である。

公的成功

リーダーシップのもう一つの側面は、公的成功である。公的成功とは、他者と協力して共通のビジョンを達成することだ。生産性が高いにもかかわらず、この試練に負けてしまう人が大勢いるのはなぜだろう？　これには三つの理由があると思う。

● 個人としての内面は安定しているが、その内的安定を配偶者やパートナーと共有できない。外海に出て他者と関係を築こうとしても、自己という港に錨《いかり》を下したままなのである。

● デリゲーション、つまり人に任せることができない。多くの人はデリゲーションの効果がわかっていても、自分の権限を渡したくない、他人に手柄を立てられたくない、きちんとやってくれるかどうか信頼できない、というような理由で全面的に任せようとはしない。とはいえ私もこのように考える人たちに共感できる。会社の事業を拡張するとき、本当は見せたくない情報も洗いざらい出さなくてはならず、デリゲーションの難しさを嫌というほど体験した。

● ほかの人たちと協力してお互いを支え合う環境をつくり出すことができない。組織のビジョンを実現する文化を築こうとせず、上司や同僚、部下を批判してばかりいる。これでは状況は悪くなる一方である。

この章の冒頭で紹介した『陽の当たる教室』の主人公ホランドは多くの意味で、学び続け、他者を巻き込んで協力し、お互いを支え合うチームを構築する起業家だった。彼を支持し応援する人たちは、重要な局面で彼を支え、発表会やパレードを成功させた。

自分の作品が演奏されるのを聴きたいと思うなら、自分自身を設計し直し、私的成功と公的成功の両方を達成し、全員がミッションを共有している意識を持てるようにならなくてはいけない。

引退か再生か？

私は以前、業績は好調だが新たな課題に対応するために組織改革を迫られている企業のコンサルティングをしたことがある。担当者は当時六三才で、六五才で退職することになっていた。

彼は、この組織改革に注力し始めてから、とても数年では終わらない大仕事であることに気づく。将来のニーズのためとはいえ、会社の業績は好調だ、なぜこんな大変な仕事を引き受けなくてはならないのだろうと疑念を持ったのだ。

彼の内心は葛藤していた。「あと二年で引退することがわかっていて、この仕事をやり遂げると決意し、力を注ぐことができるだろうか？」と自問を繰り返した。

この取り組みは会社の文化に影響を与え、利益ある成長を遂げられる企業となって次の世紀に入るという明るい見通しを持つ一方で、改革が新たな問題やリスクを招くこともわかっていた。「本当にうまくいくのだろうか、会社の文化にどんな影響を与えることになるのだろう？」という不安が頭を離れなかった。

彼と話していて、その葛藤が手にとるように伝わってきた。「前に進まなくてはならないことはわかっています。しかし私がこの方向に進めてもよいのでしょうか？ この改革を進めるには強い決意と多大な労力が必要です。それに後々、私の後任がさまざまな問題にぶつかることになるのは目に見えています。私としてはとりあえず無難な道をとったほうがよいのではないかと思いまして」

私は彼に質問を投げかけた。「引退するとき、会社にどのような遺産を残したいのですか？」

「わかりません。そのようなことはこれまで真剣に考えたことがなかったので」彼は答えた。

「あなたには二つの選択肢があると思いますよ。一つは、会社のために改革の努力をすること。もう一つは、何もせず現状を維持し、あなたは晴れやかに引退する。でもそれでは次の世代のためにやるべきことをしないで引退することになりますよね」

彼は私の言ったことをよく考えたようで、次の日こう話した。「あのような、はっとさせられる質問を受けたのは初めてでした。どんな遺産を残すか。心の中を見つめると、自分がこの重要なプロジェクトに身を投じ、リスクを負いたくはなかったのだということを認めざるをえませんでした。それどころか、自分は栄誉に包まれて引退し、後に残る社員が私のような成果を上げられずに苦労すればよいと内心では思っていた。自分の在任中の仕事だけが評価されたかったのです。しかしよく考えれば、この動機が間違っていることは疑いようがありません。私が引退したあと、会社がもっと良くなるように努力しなければならないと気づきました」

彼は、この組織再編には強い決意が必要であることを自覚していた。「二年後には私をたたえるお別れの言葉に包まれて引退したいと思っていました。しかし今、私はこれまで経験したことのない厳しい状況に立たされています。そして、長く残る遺産を築く努力をここでしなかったら、これからの人生、自分に正直に生きていくことはできないと思うのです」

> 自分の作品が演奏されるのを聴きたいと思うなら、自分自身を設計し直し、私的成功と公的成功の両方を達成し、そして全員がミッションを共有している意識を持たなくてはならない。

心を守る

この企業役員が内面の葛藤を打ち明けてくれたとき、私は箴言の一節を思い出した。「油断することなく、あなたの心を守れ、命の泉は、これから流れ出るからである」

彼はまさに自分の心を見つめ、心を守ったのだ。そして、自己への執着から貢献へと飛躍を遂げたのである。内省を重ねた時間、彼は自分に対しても他者に対しても正直で真摯《しんし》だった。その結果、勇気を持って「この犠牲を払おう。これから二年、とても厳しくなるのはわかっているが、それはやりがいのあることなのだ」という結論を出したのである。

「どんな貢献をしたいのか」と、あなたも自分に問いかけてみてほしい。このようにして自分の心を見つめることによって、利益ある成長のためには自ら犠牲を払わなくてはならないことに気づき、組織の改革や再構築を前に進めていけるようになる。

しかし、問題は抑止力というものの存在だ。大規模な変革を踏み出すと決心したとたん、犠牲を払わなくてもよいもっともらしい理由が次々と頭に浮かぶのである。よくある言い訳の一部を紹介しよう。あなたにも思い当たるものがあるはずだ。

● 直視しなければならない問題が政治的で扱いが難しい。「政治家だって政治的に微妙な問題は先送りするのだから、自分だってそうしていいはずだ」

- 直面している問題が慢性的なもので、すぐに手を打たなければならない状況にはない。「この問題は当面棚上げにしていてもいいだろう」
- すぐには実を結ばない。「すぐに成果が出るわけでもないのだから、こんなに大変な問題に取り組む必要はない。ガチョウの命を危険にさらす可能性はあるが、うまくやれば手っ取り早く黄金の卵を手にできる」
- 後任者が苦労するかもしれない。「私の考えている変革がうまくいかなかったら、後任者が批判されるだろう。気の毒だ」
- 自分は今の地位を築くまでに十分な犠牲を払ってきた。「私はもう十分だ。ほかの人にステップアップのチャンスを譲ったほうがいいと思う。君が適任だよ」

厳しい課題に取り組まない口実はいろいろある。こうしたありがちの理由に負けてしまうことの問題は、心の奥深くで「自分は絶対に犠牲を払わない」とわかっていながら、その本音を抱えたまま生きていかなくてはならないことである。

有意義なチャレンジは、多くのことに「ノー」と言う自由を与える。重要な仕事に取り組み、些《さ》細《さい》なことは脇にどけていると、精神的な解放感を覚えるものだ。実現したいミッション、乗り出したい冒険、達成したい目標、残したい遺産など、説得力のある強い「イエス」がなければ、ビジネスであれプライベートであれ、さほど重要ではない事柄にきっぱりと「ノー」とは言えないものである。

私自身の経験からいえば、進んで犠牲を払うためには、自分が残したい遺産について真剣に自問し、深く内省する必要がある。自分を振り返る内省の時間には、あなたが残したい遺産にかかわる人たちと心の中で対話することもできるだろう。

個人的な問題であれ組織の問題であれ、困難な状況の解決に乗り出し、大きな変革を始めると決断するときは、状況を見きわめる強さも必要になる。あなた自身、あるいは組織を何年も苦しめていたような問題に着手すると、力を重点的に注ぐべき対象が見えてくるはずだ。

内省し自分の心を見つめることから得られる教訓は、人生で本当にやりたいことに結びつく。これは基本的に、公的成功は私的成功から生まれるという考え方を再確認することでもある。

最後にもう一度、聞いておこう。「あなたが残したい遺産は何だろうか？」

応用とアドバイス

❖ 人生の芸術家になるために、次の質問に答えよう。

・世界があなたに求めていることは何か？
・あなたの得意なことは何か？
・自分がやりたいことにベストを尽くし、なおかつ現実のニーズを満たすために、今の職場でどうすればよいか？
・求められている分野、自分の才能、現状、これらの答えをまとめて、一つの目標を立ててみよう。

❖ 次の質問への答えを書き留めよう。

・ビジネスとプライベートで残したい遺産は何か？
・仕事を引退したあと、自分のことを人々にどう言ってほしいか？
・これから一〇年後、自分のことを家族や友人にどう言ってほしいか？

第八章　プライオリティのてこ

大切なことは、スケジュールに優先順位をつけることではなく、優先すべきことをスケジュールにすることである。

スティーブン・R・コヴィー

第二の偉大さから第一の偉大さへとシフトするには、多くの人が人生の最優先事項としていることが実際には優先順位の一番下であることを認識する必要がある。ほかの事柄と比べて相対的に重要なものもあれば、生命、健康、家族など、ほかの事柄と比べるべくもなく絶対的に重要なものもある。取るに足らない仕事、ゲーム、だらだらと続く娯楽など、「ほとんど意味のない無益な気晴らし」が、あなたの毎日の時間を埋め尽くしているなら、プライオリティ（最優先事項）のてこを押す必要がある。この章では、最優先事項とそれ以外のことを区別し、最優先事項を確実に優先するにはどうしたらよいか考えていこう。

娘のジェニーが結婚式の準備を進めていたとき、彼女の部屋を訪ねた。てっきり幸せそうにしているものと思っていたら、ストレスがたまりにたまった様子だった。

「私にとってはとても大切な計画や趣味がたくさんあるの。でも今はどれもこれもストップさせなくちゃいけない。自分の時間は全部、結婚式の準備に消えていく。夫になる人と会う時間さえないのよ」と娘は言った。

私は、まずは娘を理解することに徹しようと、こう返答した。

「結婚式の準備に追われて大変なんだね？」

「ほかにもやらなくちゃいけないことがあるの。私が力を貸してあげなくてはいけない人たちや仕事があって」

「おまえの良心は何と言ってる？　たぶん今は結婚式が一番重要なのではないかな？」

娘はＴｏＤｏリストを私に見せて言った。「結婚式の準備以外にやらなきゃいけないことを予定に入れても、結婚式のほうに気がとられてしまって」

「今は自分にとって一番重要なことをやりなさい。ほかのことは二〜三週間忘れるんだ。肩の力を抜いて、人生の一大イベントを楽し

みなさい」

「でも、生活のバランスが大事なんでしょ?」私がバランスの原則を教えていることを知っていて、この質問を投げかけたのだ。

「おまえの生活はしばらくバランスが崩れる。でも今はそうあるべきなんだよ。長い目で見てバランスをとればいい。今はスケジュールを守ろうとしなくていい。今の自分を楽しんで、ほかの人たちにおまえの楽しさを感じとってもらうんだ。一番重要なことを犠牲にしたら、いくらスケジュールを守ってもたいした満足感は得られないよ。この一ヵ月、おまえの一番重要な役割は花嫁だ。その役割をきちんと果たせれば、必ず大きな満足感が得られるよ」

最優先事項を明確にする

あなたの人生の最優先事項は何だろうか? その答えを見つけるには、次のように自分に問いかけてみるとよいだろう。

「私の独自性は何か?」「私の才能は何か?」「ほかの人にはできないことで私にできることは何か?」

たとえば、あなたの子どもの父親になれるのはあなたしかいない。あなたの孫のおじいさんになれるのは、あなたしかいない。あなたの生徒に教える人は、あなたしかいない。あなたの会社を経営する人は、あなたしかいない。あなたの未来の夫の花嫁になれる人は、あなたしかいない。

あなた独自の才能や能力が、人生であなたがやるべき大切な仕事を決める。人生の最優先事項がほかのさまざまな緊急の用事に潰され、自分にしかできない貢献をできずにいるのは悲劇以外の何ものでもない。これではいつまでたっても重要な仕事に手がつかないし、せっかく手をつけてもやり遂げられないだろう。

ロジャー・メリル、レベッカ・メリルとの共著『7つの習慣　最優先事項』（キングベアー出版）の中で私たちは、個人の効果性を高める道はバランスをとるプロセスだと指摘している。このプロセスをじっくり考えてみてほしい。

「人生における私の責任は何か？」「私が大切にしている人は誰か？」この問いへの答えが、自分の役割について考えるときの土台になる。

次に「それぞれの人間関係や役割について、将来どのような状態になっているべきか？」と問い、その答えを目標にする。

いろいろな人とWin-Win実行協定を交わして信頼関係を維持するのは、時間がかかり、効率的なプロセスとはいえない。しかし信頼関係が築かれれば、仕事はとたんにスムーズに進むようになる。急がば回れ、という諺《ことわざ》のとおりだ。自分が決めて命令したほうがよっぽど効率的だと思うかもしれないが、その決定を守ると相手が約束したとしても、それを約束どおりに実行するかどうかは別問題である。人との関係においては常に、急がば回れ、なのである。

ピーター・ドラッカーは、質の高い決定と効果的な決定を区別している。質の高い決定はできても、それを実行する決意をしなければ、真の効果的な決定にはならない。質の高い決定を効果的な決定にする決意が必要なのである。モノは効率で考えることができるが、人に対しては効果の観点から考えなくてはならないのだ。

効率と効果は異なる。効果は結果を表す言葉であり、効率はプロセスを表す言葉だ。成功のはしごを効率よく上れる人でも、はしごが間違った壁に掛けられていたら、その人の効果性は低くなる。間違った優先事項を効率的に処理しているだけなのである。

効率性はモノに対する考え方である。モノなら素早く動かせる。お金はどこにでも動かせる。リソースもキャッシュフローも管理できる。オフィスの什器は配置し直せる。しかし重要な仕事で人を効率的に扱おうとしたら、あなたの効果性は下がってしまうだろう。

モノを扱うように人を扱うことはできない。モノは効率的に扱えるが、人に対しては効果的でなくてはならない。あなたはこれまでに、難しい問題で家族や親友に効率的に接したことがあるだろうか？　どんな結果になっただろう？

人との関係を早く進めようとしたら、逆に進捗《しんちょく》が遅くなる。相手が本当に言いたいことが聴くことができなくなり、相手にとってのＷｉｎはわからないままだ。ゆっくり進み、Ｗｉｎ－Ｗｉｎの考え方に深く入っていけば、お互いにとって正しい解決策が見つかり、結局は早く解決できるのである。

> 人生の最優先事項がほかのさまざまな緊急の用事に潰され、自分にしかできない貢献ができずにいる。これではいつまでたっても重要な仕事に手がつかないし、せっかく手をつけてもやり遂げられないだろう。

効果性の観点は他者だけでなく自分自身にも当てはまる。自分自身をモノのように効率的に扱ってはいけない。ある日のこと、私は個人のミッション・ステートメントの作成に取り組んでいる人たちとミーティングを持った。その中の一人が「個人のミッション・ステートメントをつくるプロセスはなかなか難しいですね」と言った。それに対して私はこう答えた。「あなたは効率性のパラダイムで取り組んでいますか？　それとも効果性のパラダイムですか？　効率性のアプローチをとっているなら、今週末にやってしまおうとするでしょうね。しかし効果性のアプローチなら、心の安らぎが感じられるまで、自分との対話を続けるでしょう」

時計よりもコンパスを優先する

多くの人にとって、人生のメタファーといえばやはり時計だろう。私たちが時計を貴重と思うのは、そのスピードと効率性ゆえである。時計には時計の役割、効率性には効率性の役割がある。しかしそれあくまで、効果性を達成できてからのことだ。効果性を象徴するものはコンパスである。コンパスは方角を示すからであり、人生における方角とは、目的、ビジョン、視野、バランスである。私たちの良心は、コンパスさながら、私たちの人生を常時監視し、道を指し示す誘導システムなのである。

時計のマインドセットからコンパスのマインドセットに変わるためには、まずはスケジュールではなく優先事項に目を向けることだ。時計は、会議の日時は教えてくれても、その会議が出席する価値があるかどうかは教えてくれない。そのときに進むべき道からそれてまで、出席する必要もない会議に出ていることはないだろうか。毎週、毎日、真北という最優先事項を意識して見失わずにいれば、針路を外れる心配はない。

最優先事項を優先する

他者との約束はスケジュールに入れ、苦もなく守れるのに、自分との約束はなかなか守れないのはなぜだろう？　自分と約束し、それを守ることができれば、あなたの社会的な誠実さは格段に上がる。他者と約束をして守ることができれば、自分との約束を守る自制心ができていく。もちろん、約束を守れないことがあっても必要以上に自分を責めてはいけない。しかし自分との約束を守れれば、誠実さの度合いが飛躍的に伸びるのはたしかだ。

一例を挙げよう。ある日のこと、帰宅すると息子が妹をしかりつけていた。息子は何かのプロジェクトに取り組むため自室にスペースをつくろうと家具を並べ替えたのだが、妹のほうはそれではめちゃくちゃだと思ったらしく、手伝おうかと兄に言ったのだった。息子は延々と妹を非難していたが、ふと我に返り、「ごめん。イライラしていて、そんな気分をぶつけてしまった。おまえの言いたいことはよくわかるよ」と静かに言った。息子は、もののはずみで爆発させた怒りを鎮め、間違いはすぐに謝るという自分との約束を守ったのである。

人がモノよりも大切であり、人間関係がスケジュールよりも大切であるということがわかっていれば、罪悪感を持たずにスケジュールを変更することができる。なぜならそれは、良心に従い、より大きなビジョンと価値観を守ることを優先するからである。あなたの計画が価値のある有意義なものだったら、その目的はこまごまとした心配事やさほど重要ではない事柄よりも上位にあるのだ。

タイム・マネジメントに関して、私は次のことを信条にしている。「私は時計の効率性には支配されない。私を支配するのは良心というコンパスだ」

職場で自分の信頼のレベルを高めたら、毎日、毎時間、そのときどきにやるべきことを見きわめ、決断できる。家族があなたを必要としているなら、家族のそばにいる。全神経を集中して仕事をしなくてはならないときには、ほかのことに邪魔されないようにする。考えてみてほしい、手術中に電話に出る外科医がいるだろうか？

ほとんどの人は、電話の音や書類の山に象徴される緊急の用事に埋もれて日々を過ごしている。仕事というのはたいてい緊急で、すぐに行動を要求するものだが、緊急と重要を取り違えてはいけない。重要ではあるが、必ずしも緊急ではないことに行動をとるには、真のリーダーシップが身についていなくてはならない。緊急のことにばかりに追われる反応的なライフスタイルでは、得られるのはストレスだけで、いずれ燃え尽きてしまう。

重要なことを見失わずにいる方法の一つは、一週間の計画を立ててから毎日の計画を立てることだ。週間計画を立てることで、適度に長期的な視野ができ、自分のミッション、役割、目標の枠組みの中で行動できるようになる。

燃えるような「イエス」

人が一生の間にできる最高の仕事は、自分にしかできない創造的な仕事、独自の貢献である。しかし創造的な貢献を犠牲にして、取るに足らず、比べるまでもなく見返りの少ない活動に時間を消費している人が多すぎるのではないだろうか。

私はこれまで何度も、次のようなことを言ってきた。「自分の最優先事項を見きわめて、それ以外のことには笑顔で快活に、後ろめたさを感じずに『ノー』と言える勇気を持たなくてはいけません。より大きなイエスが心の中で燃えていれば、それは難なくできます。ほとんどの場合、『最良』の敵は『良い』なのです」

企業の経営者など、創造的で革新的な仕事をする立場にある人たちと接してきた経験から言わせてもらえば、結果を出せる彼らの能力は、**「この仕事をするための時間とリソースはどこで確保できるか?」という問いの答えを知っている**ことに帰結する。創造的な仕事に充てる時間を捻出する方法がわからなければ、創造力を高めるトレーニングを何時間受けても、イノベーションに莫大《ばくだい》な投資をしても、ほとんど無駄になる。

このように、創造の自由（自分の最高の仕事、最高の貢献をする自由）をみすみす失っている人が大勢いる。もちろん、物理的な環境ではどこにでも移動できるし、さまざまな選択肢からやりたいことを選べるのだから、肉体の自由は大いに享受しているだろう。しかしその選択肢を賢明に使う自由、つまり内面の力と自制心はほとんど生かされていない。

それどころか「被害者」を自称し、自分の生産性が低いことを時計のせいにし始める。自分の境遇が人生を決める支配的な推進力となってしまうのだ。周りの人たちに妨害されたわけでなく、あるいは手助けしてもらったわけでもなく、単に自分のせいで事態をコントロールできないだけであるのに、誰も自分の期待に応えてくれないと思い込み、「私の人生がこんなに惨めなのは彼らのせいだ」と責任を転嫁するのである。

活力が搾り取られ、目の前の心配事で頭の中がいっぱいになっていたり、保身に走っていたりすれば、創造的になれるわけがない。

六つのセーフガード

創造の自由を守るにはどうすればよいだろうか？　それには六つの原則と行動を守る必要がある。

一．「ノー」と言う：緊急だが重要ではないことは無視する

緊急だが重要でないないことは無視し、緊急ではないが重要なことを優先すれば、危機的状態が慢性化せず、創造的な仕事ができるようになる。忙しさに対応するのはマネジメントであって、リーダーシップの本質は創造にある。

権威ある品質賞の一つ、デミング賞を受賞した企業を対象にした調査によれば、これらの受賞企業の最優先事項は**長期的**な業績である。

受賞企業の行動はほかの企業とどう違うのだろうか？　何よりもまず経営陣は時間の六〇％を本当の優先事項に充てている。つまり、準備、予防策、ミッションの明確化、プランニング、関係構築、創造、気分転換、エンパワーメントなど、重要ではあるが必ずしも緊急ではない活動である。ほかの企業の経営陣は、緊急だが重要ではないこと、つまり彼ら自身がやるべきこととは正反対の活動に時間の五〇～六〇％を使っている。

優れた企業は、もっとも重要なこと（重要だが必ずしも緊急ではないこと）に注力する。緊急の用事

は今すぐに行動を起こさなくてはならないものばかりだから、重要な仕事なのだと思い込んでしまいがちだが、これらの企業は重要と緊急を取り違えてはいない。思想家・教育者のチャールズ・E・ハンメルの言葉を借りよう。「これらの要求の力には抵抗しがたく、私たちの活力を貪りつくしてしまう。しかし長い目で見れば、これらの要求の強さは一時的なものであって、遅かれ早かれ弱まる。そしていずれ必ず、脇にどけていた重要な仕事を喪失感とともに思い出すことになる。自分が緊急という独裁者の奴隷となっていたことを思い知らされるのだ[※9]」

私は大勢の人から次のような質問を受ける。「しかしですね、先生は私が置かれている状況をご存じないですよね。やらなくてはいけないことがたくさんあるんです。全部同時進行でやらなくてはいけないのですから」このように思っている人たちこそ、緊急だがさほど重要ではないことを無視しても影響はほとんどないことがわかれば、大きな解放感を味わえるだろう。

二．内面で赤々と燃える「イエス」を維持する

あなたの内面に燃えるような「イエス」があれば、緊急だが重要ではないことには難なく「ノー」と言えるだろう。はるかに大きな成果を得られる創造的な仕事に情熱を傾ければ、重要ではない仕事には罪悪感を持たずにきっぱりと「ノー」と言える。急ぎの用事を頼まれても、笑顔で

礼儀正しく、後ろめたさもなく「ノー」といえるのである。

学習の目的の一つは、重要なことと重要ではないことを区別できるようになることだ。この判断力をつけるには、時間の使い方の基準を明確にする必要がある。その基準が身につけば、「それは緊急の課題かもしれないけれど、さして重要ではないから、今はやらない」と断言できるようになる。この原則は、とても言葉では言い尽くせないほど私の人生を変えた。

> 優れた企業の経営陣は、もっとも重要なこと（重要だが必ずしも緊急ではないこと）に注力する。重要と緊急を取り違えていないのだ。

三．創造力を発揮できるように上司の信頼を獲得する

「創造力を自由に発揮できない」という言葉が口に出始めたら、それはあなたの創造力が試される局面にあるということだ。創造力を発揮する自由を獲得するには、直属の上司との関係、さらに上司に対して影響力のある立場の人との関係を築く必要がある。

「あまり重要ではないと自分では思っても、上司から『それは重要だ』と言われたら、どうすればいいのでしょうか？」という質問もよく受ける。私はいつも次のように答えている。「ある人に

とって重要なことは、その人があなたにとって重要であるなら、あるいはお互いの間に共通の目的があるなら、それはあなたにとっても重要なことであるはずです。ですから、たとえそれほど重要ではなく、関心を向ける価値はないと思っていても、その人間関係やお互いの共通の目的が重要なら、その仕事はあなたにとって重要なのですよ」

「でも上司がサポートしてくれないんですよね」とあなたは言うかもしれない。そうであるなら、まずは上司の信頼を勝ちとることだ。少しずつ信頼を得ていき、わずかずつでも創造的な仕事をさせてもらえるようにする。あなたの努力が結果につながれば、もっと創造力を発揮できる自由を得られるのは間違いない。

四．創造的な勇気と他者に対する思いやりのバランスをとる

政治的な駆け引きが蔓延《まんえん》している職場であっても、勇気を持って自分の確信を述べると、思っていた以上に自由を得られることがわかるだろう。ゲーテの言葉がこれを的確に言い表している。「大胆さには天才と力と魔法が宿っている」勇気があれば、たいていは成果を上げられるものである。他者に対して大胆にならなければ、関心を持ってはもらえないし、決意と推進力の強さが伝わらず、いつまでたっても周りからは平凡な人だと思われるだけである。

あなたがやるべきことは、主体的になり、率先力を発揮することだ。それと同時に、私は成熟を「勇気と思いやり」のバランスと定義しているが、この定義は創造力にも当てはまる。勇気と思いやりがあれば、創造的になれるのである。アブラハム・マズローは著書『人間性の心理学——モチベーションとパーソナリティ』（小口忠彦訳、産能大出版部）の中で、自己実現の段階に達した人は勇気と創造力を併せ持つと書いている。

五．自立モードと相互依存モードの両方を高度に働かせる

「7つの習慣」の中心にあるのは、依存から自立へ、さらには相互依存へと到達する「成長の連続体」である。この連続体は創造力にも当てはまる。創造的な才能を持っている人でも、自立の段階で止まっていたら、流れ星さながらあっという間に燃え尽きてしまうだろう。相互依存のチームを築いてはじめて、持続力がつくのである。

きわめて創造的な仕事は、相互依存のマインドセットとスキルセットがない限り、市場の力を持続させることは難しい。力を貸してもらえず、息抜きもできなければ、そしてシナジーを創り出せなければ、一人ひとりの強みが消え、各人の強みで弱みを補えなくなり、弱みだけが目立つチームになってしまうだろう。

あなたの弱みを補い、強みを引き出せる人たちを集めてチームをつくることが重要である。ピーター・ドラッカーの言葉を借りれば「強みを積み上げ、弱みを無意味にする」のである。

六．常識にとらわれず多様な視点を持ち、水平思考を心がける

エドワード・デ・ボーノは、かの名著『6つの帽子思考法』（川本英明訳、パンローリング）の中で、「自分の思考法を分析し、いろいろな思考法を混ぜるのではなく、一度に一つの思考法を使えるようになる」ことが大切だとアドバイスしている。これに従うとよいだろう。批判的にではなく創造的に考え、楽観的にではなく論理的に考えることを心がける。彼が提唱する水平思考では、普段の思考パターンを離れて新しいパターンをとる必要がある。これによって頭の中の牢獄から解放され、新しいアイデアが生まれるのである。大成功を博したロサンゼルス・オリンピックの大会組織委員長を務めたピーター・ユベロスも、「オリンピックをどの都市も望まないイベントから多くの都市が競って開催したがるイベントに変えたのは、水平思考だった」と語っている。

一週間単位で

自分の生活を振り返ると、もっとも重要なことがさほど重要ではないことの犠牲になっていて、

「良い」が「最良」の敵であったことに気づくだろう。あなたも緊急事態という独裁者におびえ、創造力を自由に発揮できていなかったのではないだろうか？

今からでも成長と前進のサイクルを始めてほしい。内省、プランニング、決意、準備、予防、人間関係の強化など、創造的な活動を中心にした一週間のサイクルである。

息子のジョシュアが高校のフットボール・チームでクォーターバックをしていたとき、私もよく練習につき合ったが、問題解決志向とは真逆の創造志向を持つことがいかに重要か、再認識させられた。問題の解決に取り組んでいるとき、私たちは問題の原因を排除しようとする。しかし創造力を働かせているときは、何かを生み出そうとする。もちろん問題が起きれば解決しなければならないが、創造志向で取り組めば、いろいろな考え方や視野、大局的な観点から解決できるのである。

「試合の前に頭の中で勝利をイメージしなさい。勝利の実現に向かって主体的なエネルギーを集中させ、不安なことがあっても頭から追い払うんだ。そうすれば良い結果を出す下地ができる」と私はジョシュアに話した。それ以降のフィールドでの活躍ぶりを見ても、彼はこの教訓をしっかりと身につけたようだった。たとえば試合の日に天気が悪ければ、その天気を味方につける方法を見つけていた。それ以前に、その日の天気にかかわらず自分の天気で試合に臨むことを心がけていた。それが最終的にはチームを州チャンピオンに導いたのである。

自分の生活を振り返ると、もっとも重要なことがさほど重要ではないことの犠牲になっていて、「良い」が「最良」の敵であったことに気づくだろう。緊急事態という独裁者におびえ、創造力を自由に発揮できていなかったのではないだろうか？　その結果、自分の時間のほとんどが溶けてなくなり、人生のミッションと引き換えに取るに足らないことばかりやり、せっかく授けられた才能をほとんど使わず、実現しようと夢見ていた創造的な仕事はほとんどできていない、ということになる。

なぜ問題だけにフォーカスするのか？

それなのになぜ、教育界では創造性ではなく問題解決のパラダイムを教えているのだろうか？　これはビジネス・スクールでとりわけ顕著だが、問題を取り除くことに重点を置くのは、マネジメント教育のプログラムにある重大な欠陥の一つだと私は思っている。しかしそうしたプログラムが延々と行われているのは、個人の創造性は評価が難しいからでもある。創造性の評価を始めるのはパンドラの箱を開けることだ。創造性は厳格な教育プログラムの範囲外とみなされているのである。

創造志向の教育を受ける機会がないなら、創造性を獲得するにはどうすればよいのだろうか？　あるいは子ども時代の創造性をどうすれば再発見できるのだろうか？　それには、人間だけが授かっている想像力を働かせることだ。アインシュタインの言葉を借りれば、想像力は知識よりも大きい。彼の驚異的な科学への洞察は想像力から生まれたのである。

マネジメントとリーダーシップを緻密に考察すると、両方に共通するテーマが見えてくる。**人は自分の人生と仕事に意味があると思いたいし、そう思う必要がある、**ということだ。たとえば人間関係がぎくしゃくしていたら、問題を解決しようとするのではなく、本人と会い、一緒に取り組める共通のビジョンや目的を見つけたほうがよい。ガンジーが成し遂げたことを思い起こしてみてほしい。彼はずっと劣等感を抱え、内向的で、いつもおびえていた。しかし、社会の不公正を克服するために自分にできることを考え、ミッションとビジョンが明確になると、彼の弱みはすべて取るに足らないものになり、自分自身を超えた目的に自らの強みを投じた。公的な地位に就くことは生涯なかったが、ガンジーは絶大な権威と影響力を持ち、きわめて創造的な人物になったのである。

ディズニーの元ＣＥＯ、マイケル・アイズナーはあるとき、多くの企業が発展しない最大の原因は、想像力を働かせて仕事をする創造志向の社員をマネジメントできないことだと語った。なぜマネジメントできないのか、それはマネジメントをコントロールと取り違えているからだろう。創造的な知性をコントロールすることはできない。経営者がやるべきことは、社員が共通のビジョンと目的に賛同し、行動に移すよう促すことであり、あとは社員自身に自分をマネジメントさせればよいのである。

人は自分の人生と仕事に意味があると思いたいし、そう思う必要がある。

ゼネラル・エレクトリック社の伝説のCEO、ジャック・ウェルチは、自分の仕事は社員の創造的なエネルギーを解き放つことだと口癖のように言っていた。彼は厳しい経験も重ねながら生涯かけて、その教訓を学んだのである。

私の場合、問題解決の思考モードに入ると決まって落ち着かなくなる。不安になり、ストレスを感じる。そして問題を分析し始める。ところがこのマインドセットで考えているうちに、私の最重要の目標は視界から遠ざかっていく。残念なことに問題が消えてなくなることはほとんどない。ところが創造志向になり、私にとって大切な人たちと確固とした目的意識を共有できると、問題がいつの間にか自然と解消するように思えるのである。

応用とアドバイス

❖ 今、あなたの人生で赤々と燃えている「イエス」は何だろうか？　重要なプロジェクトかもしれない、注意を向けるべき人間関係、あるいは個人的な目標かもしれない。その最優先事項を実行するために、「ノー」と言う必要があることは何だろう？　どのように「ノー」と言えばよいか考え、実行しよう。

❖ モノを扱うように人に接することはできない。次の質問への答えを日記に書いておこう。

・モノのように扱われたことはあるか？
・そのときどのような気持ちがしたか？

・その人間関係はどのような言葉で言い表せるか？
・誰かを人ではなくモノのように扱ったことはあるか？
・それはその人との関係にどのような影響を与えたか？

❖一日単位で計画を立てていると、重要だが緊急ではない活動は簡単に脇にどけられてしまう。一日単位は計画期間としては短すぎ、活動の実質的な成果を出すには不向きである。しかし週単位の計画であれば、比較的長期の視野が持てるので、自分のミッションや役割、目標の枠組みの中で行動しやすくなる。まだ週間計画を立てたことがないなら、次の一週間の計画を立ててみよう。まず最優先事項にどのように取り組むかを決め、最優先事項を中心にして、それ以外のことを配置する。

第九章　自己犠牲のてこ

神父やレビ人が真っ先にする自問は「この男を助けるために立ち止まったら、私はどうなるのか?」である。しかし……良きサマリア人の自問はその逆である。「この男を助けるために立ち止まらなかったら、彼はどうなるのか?」

マーティン・ルーサー・キング・ジュニア

第一の偉大さには、シナジーを創り出せるという重要な特徴がある。全員が真剣に考え、自分の手柄など二の次にしたとき、シナジーという魔法が起きるのだ。第一の偉大さは、一人で考えるよりも皆で考えたほうが良くなるという、シナジーの原則に基づいている。誰しも一人で全部はできないし、たった一人で価値ある有意義な貢献をした人はいまだかつていない。協力し合ったほうがはるかに楽に前に進める。しかも最終的には全員の利益になるのである。

自分を犠牲にしようという思いがなければ、教師と生徒、企業とその取引先、親と子、あらゆる関係の絆は築けない。エゴを捨て、「あなたの話を聴かせてほしい。お互いのために協力して何ができるか考えたい」と本心から言えるようでなければだめなのだ。これにはしかるべき自己犠牲が必要になる。

自分を犠牲にするというのは、他者を尊重することである。あなたが絆を結ぶ相手は、家庭やチーム、会社などの集団ではなく、あくまでも一人ひとりの個人である。そしてその絆は、自己犠牲により相手を尊重することで強く結ばれる。誰かとの間に問題が起きたとき、こちらの自己犠牲がなければ、その問題は放置されるままかもしれないのだ。ある人に対して、もっとたくさんの愛情、優しさ、礼儀正しさ、人情、忍耐、許す心を持って接すれば、その人も同じようにあなたに接するようになるはずだ。

一例を挙げよう。ある企業の副社長が社長に同伴してエジプトに出張した。ほこりっぽい街を歩き回り疲労困憊《こんぱい》で一日を終えた。次の朝起きてみると、なんと社長が黙々と彼の靴を磨いていた。彼が起きないうちに磨き終えようとしていたのである。

このように毎日のごく普通のことに人知れず自己犠牲を払う行為

は、人と人の絆を強くし、相互依存の人間関係が育っていく。この副社長が出張で社長から何か頼まれたら、そのときは彼が自己犠牲を払うだろう。成功する経営者は、他者を愛し、思いやり、教え、他者のために自己犠牲を払い、ニーズに応えることができるのだ。

自己犠牲ほど人間関係を強くするものはほかにはない。もし私があなたのニーズよりも自分のエゴを優先したら、あなたは「そうか、それなら私も自分のニーズを優先しよう」と思うだろう。お互いがこうした態度でいたら、協力し助け合うことなど無理である。

私にとって、自己犠牲は妻や子どもたちとの関係の要である。ある晩のこと、娘のジェニーがレポートや期末試験に追われてピリピリしていた。そのうえパーティの予定もあるという。妻のサンドラは夜中の二時までジェニーを手伝っていた。そのようなわけで、わが家の子どもたちは母親ととても緊密な関係にある。サンドラは夜の時間のほとんどを子どもたちのために使っていた。睡眠時間を犠牲にして遅くまで子どもたちにつき合い、朝はベッドからはいずり出るようにして起き、子どもたちのために朝食をつくり、何くれとなく気を配る。子どもたちは、母親に頼れることを知っているのだ。

この原則は、親子以外のどんな関係にも当てはまる。仕事上の関係でもそうだ。第一の偉大さを達成するうえで、職場でのパートナーシップはきわめて重要である。自分が出したアイデアだからというようなエゴを捨て、自分のイメージを守ることは考えずに、皆で協力しようとする気持ちがなければ、厳しさを増す市場のニーズを満たすことはできない。

これまでの働き方では、将来のニーズは満たせないだろう。エンパワーメントという新しいレベルのあり方が必要であり、それを実現するのがパートナーシップなのである。

- 仕入先から販売代理店、顧客までパートナーシップの関係を築く。あらゆる利害関係者との強固なパートナーシップが必要である。
- 部門横断的にパートナーシップの関係を築く。組織構造とシステムの整合がとれておらず、部門間の競争や比較を助長しているために、このパートナーシップはほとんどできていない。
- 各部門内のパートナーシップも必要である。部門間だけでなく部門内のコミュニケーションも良くなれば、組織全体でシナジーを創り出すことができる。

産業界の業務基準を上げ、社会的な認知を広めていくためには、現在の競争相手だけでなく潜在的な競争相手ともパートナーシップを組む必要がある。不動産業界のネットワークや航空業界の予約システムは、消費者の利益のためにライバル企業同士が協力する典型的な例だろう。ほかの業界もこれに類する協力体制を考えなくてはならない。パイのサイズを大きくせず、お互いの取り分から奪うことだけを考えていたら、全員が負ける結果に終わるのである。

このようなパートナーシップには相互依存の段階に進むための新しいマインドセットとスキルセットが必要だが、相互依存を身につけるトレーニングを受けたことのある人はほとんどいないと思う。ほぼすべてのトレーニングが個人の自立に重点を置いているからだ。しかし、マインドセットとスキルセットが自立段階で止まっている人にいきなり相互依存のパートナーシップを築かせようとするのは、テニスのラケットでゴルフをさせるか、逆にゴルフクラブでテニスをさせるようなものである。

南アフリカの例

私はこれまでに南アフリカを何度も訪れている。この国はかつて深刻な分断を経験していた。国内市場は数十年前まで、世界経済の動向を完全に無視する独占企業と少数独裁政治によって支配されていたのである。閉ざされた経済の中でアパルトヘイトと白人優越のパラダイムが深く根づき、人々にとって人生の選択肢はないも同然だった。しかし今、経済は開かれ、新しい憲法と政府が誕生し、すべての国民が自己犠牲を求められている。そのプロセスは、一九九〇年代に起きた改革以降今も続いており、結末はまだ見えない。

あの歴史的な転換点、首相のフレデリック・ウィレム・デクラークは自分自身の人生の危機に直面し、現実的な視点と道徳的な視点の両方から将来のあるべき姿を決断しなければならなかった。デクラークは何より現実主義者だった。だからこそ、権力を手放し、すべての国民の人権を保障する憲法の制定へと舵《かじ》を切る必要性が見えていた。そして、自分の良心の声を聴いた結果、その見方は道徳的な観点からも正しいと判断したのだった。

それでも、あの劇的な変化を起こすには、人生の二七年間を刑務所で過ごした故ネルソン・マンデラという触媒が必要だった。マンデラは実に謙虚な人物で、釈放されたときには、和解、見識、中庸の精神によって完全に生まれ変わっていた。刑務所に入れられていた長い年月の間に、看守を憎悪する気持ちは少しずつ消え、最後には彼らを理解するに至った。その証拠に、南アフリカ大統領に選ばれたとき、就任式に看守たちを招いている。マンデラは原則中心に生きた。責任を持って節度ある道を選択しなければならないと自覚していた。長く抑圧されていた人々の中から湧き上がる希望と期待、そして支配する側だった人々の恐怖と不安、その中間にある正しい道を歩いていかねばならなかったのだ。デクラークは、不信と偏見に満ちた年月を乗り越え、国民の前でマンデラと握手した。二人は力を合わせ、すべての国民を平等に代表する国家の実現に向けて、新しい南アフリカを生み出したのである。

マンデラとデクラークは、自己犠牲のリーダーシップの模範を示した。あの南アフリカで実現できたのだから、あなたの組織でもできないわけがない。

真意を隠さない

全員で力を合わせ相互依存で仕事を進めていく決心をするというのは、自らリスクを負い、事の成り行きをチームに賭けることである。さらにそれは、影響を受け自分が変わることを嫌がらない態度でもある。ほかの人たちを信じて賭けをするのであり、心を開き、真意を隠さず本音でコミュニケーションをとらなくてはならないのだ。

多くの人にとって、これは自己犠牲を意味する。過去に痛い目に遭っていれば、その古傷に安易にしがみつき、被害者意識を持ってしまうことも少なくない。政治的な駆け引きが蔓延《まんえん》している組織では、オープンなコミュニケーションは成り立たず、本音を隠して他者を操ろうとし、本音は陰口として語られる。

相手を操るコミュニケーションのスタイルが身についてしまっていると、まずはその中毒的な行動を排除することが自己犠牲となる。しかし自ら犠牲を払わなければ、変化を目指すパートナーシップではなく取引で物事を進めていくようになる。南アフリカの例は、国家だけでなく企業や個人にも十分応用できる。自己犠牲なくして、人は変われない。個人として払う犠牲こそが、取引の変化ではなく真の変化を生むのである。

優れたリーダーは、部下と組織のために自分のプライドを捨てることができる。チームの働きの効果性を高めるためには、一人ひとりがプライドを捨てて謙虚にならなくてはいけない。この犠牲の本質、つまりエゴを捨てることが、現代の多く職業に求められている。お互いを尊重する精神で人間関係を築いていく必要があるのだ。

ベンジャミン・フランクリンは、謙虚になるために、他者と断絶するのではなく反対意見を尊重する姿勢を見せることを自分に課した。また、自分の意見を「独善的」に押しつけることのないように注意した。フランクリンは後年、「過去五五年間、独善的な意見が私の口から出てきたのを聞いた人はいない」と述べ、このような態度に徹したからこそ人に対する影響力を持てたのだと述懐している。[※10] 独善的とは、「私は正しい。私に反対する人が間違っている」というような態度だ。

変化のためのパートナーシップを築くためには、古いマインドセットとスキルセットを捨て、相互依存という新しいマインドセット、そしてシナジーという新しいスキルセットを身につけ、まず理解に徹して、お互いの利益を探す態度が必要である。

それぞれが個人として情緒的に安定していなければ、共通のビジョンを持つことはできない。たとえば何人かでジグソーパズルに取り組むときには、全員が同じ完成図を知っている。ところがほとんどの組織では、皆がばらばらの完成図を思い描いている。それでも仕事をしなくてはならないから、誤解や間違った情報に従って、あるいはまったく情報のない状態で行動することになる。たとえ自分の担当部分のジグソーパズルはできても、ほかの部分と合わず、正しい完成図にはならない。

> 全員で力を合わせ相互依存で仕事を進めていく決心をするというのは、自らリスクを負い、事の成り行きをチームに賭けることである。それは、影響を受け自分が変わることを嫌がらない態度でもある。ほかの人たちを信じて賭けをするのであり、心を開き、真意を隠さず本音でコミュニケーションをとらなくてはならない。

チームのための犠牲

チームのすべてのメンバーが自分の不完全なパラダイムを捨て、真北の原則に合わせることを学ぶ必要がある。自分が大切にしてきたマインドセットを捨てるのは、とりわけ難しい自己犠牲の一つといえるだろう。一般的なマインドセットは「私は自分の利益のために働く。その問題は私がコントロールする」というものだが、このマインドセットは傲慢《ごうまん》さにつながる。傲慢《ごうまん》とは自滅を招くプライドだ。謙虚な人なら「私がコントロールするのではない。原則が支配しコントロールする」と考えるのである。

チームは、てこの効果の高い原則を理解して、それらを実践し、協力しなければならない。メンバー全員が、豊かさマインドを率先して培う誠実な人間でなければならない。豊かさマインドで物事を考えれば、安心感は自分の内面から生まれる。内面が安定していれば、お互いに競争や比較をせず、政治的な駆け引きをする必要性も感じないのである。

チームのメンバーは、あらゆるパラダイムを疑問視しなければならない。深く内省し、身についた考え方が非生産的だと気づいたら、勇気を出してその習慣を断ち切る。とはいえ、自分の考え方と向き合い、古い習慣を捨てて新しい習慣を身につけなければならないと思うと、誰しも不安を感じるものである。ほとんどの人は、すでに持っているパラダイムの枠内であれば何の不安もなく行動できるが、今の時代はどんなチームでも勇気を持って既存のパラダイムを直視し、そこに潜む思い込みや動機を洗い出し、「このパラダイムは歪んでいないか？」と自問して改めなくてはならないのである。

そして、Ｗｉｎ-ＷｉｎまたはＮｏ Ｄｅａｌ（今回は取引しない）のどちらかを追求しなければならない。シナジーとは単なる協力ではなく、より良い解決策を創造することである。そのためには共感による傾聴、そして自分の意見とものの見方を話す勇気が必要だ。真の交流があってはじめて、シナジーを創り出せるのである。

さらには信頼性も必要だ。真の原則に反する行動をしている人は信頼されない。原則中心の生き方をすることによって、自分が握っている力を手放せる強い人格ができ、人を目的達成の手段とみなしてモノ扱いするのをやめられるのである。

力の新たな源泉

現代のチームリーダーは、力の源泉が変化していることを知る必要がある。リーダーの力の源泉は、地位から説得力へ、個性の魅力から人格へ、コントロールから奉仕と自己犠牲へ、プライドから謙虚さへ、資格から継続的学習と成長へと変化しているのだ。リーダーの力は、人格という源泉から湧き出てこなくてはならないのである。

自覚、想像、意志、良心を賢明に働かせる：チームのメンバー一人ひとりが、人間だけに授けられた四つの能力を賢明に使えなければ、チームの努力は無駄になってしまうだろう。リーダーは、自分の能力を使う自由を妨げかねないパラダイムを疑問視し、改めなくてはならない。

重要だが緊急ではないことにかける時間を増やす：前述したように、デミング賞の受賞企業を対象に行った調査によれば、これらの企業の経営陣は時間の六〇％を重要だが緊急ではない活動（ビジョン、ミッション、方向性の確立、気分転換など）に充てている。

継続的な学習と改善により前進する：リーダーは定期的に結果を評価し、フィードバックを受け、必要に応じて是正と改善を行う。

Win-Winの人間関係とパートナーシップのネットワークを築く：謙虚さと自己犠牲があれば、人間関係は自然と良くなり、強固なパートナーシップを築くことができる。あらゆる人間関係にチームワークとパートナーシップが築かれ、シナジーが生まれる協力関係、相互依存の関係に発展していく。

謙虚でなければ、自己犠牲は払えない。そのときどきの状況によって仕方なく謙虚になるか、原則がすべてを支配していることに気づいて謙虚になることを主体的に選択するか、どちらかである。どちらにせよ謙虚であるのは良いことには変わりない。しかし、状況に従うのではなく良心に従って謙虚であるほうが良いのである。

応用とアドバイス

❖ チームの効果性を高めるには、自分のプライドを捨て、謙虚であることを心がける必要がある。あなたのエゴはチームの前進をどのように阻んでいるだろうか？　その障害をなくす努力をしよう。結果はどうなるだろうか？

❖ ほとんどの人は、知らないうちに身についたパラダイムで行動している。あなたにとって、あるいはあなたのチームや家族にとって逆効果となるようなパラダイムは何だろうか？　そのパラダイムを直視し、そこに潜んでいる思い込みや動機を明確にし、「このパラダイムは通用するのか？」と自問してみる。より良い結果を出すには、どのようなパラダイムを捨てるべきだろうか？　結果を日記に記録しよう。

❖ 誰かにシナジーの概念を説明し、次はその人があなたに説明する。この演習をやってみて気づいたことを記録しておこう。

❖ 人に変化を促す最大の要因は痛みである。あなたが何か痛みを抱えているなら、より謙虚になり、自己犠牲を払うことで、インサイド・アウトによる人格の変化を遂げることができる。あなたは人生や仕事でどのようなことに痛みを感じているのだろうか？　その痛みの根本原因は何か？　効果性の原則に従った生き方をし、痛みを和らげるために、どのようなステップを踏めばよいだろうか？

第一〇章　奉仕の精神のてこ

私たちは、人生を終えるとき、手にした資格や築いた財産、成し遂げた業績で評価されるのではありません。空腹の人に食べ物を与える、裸の人に衣服を与える、家のない人を招き入れる、そうした行為で評価されるのです。

マザー・テレサ

人間関係においては、小事は大事である。奉仕の精神とは自己犠牲を払うということであり、この原則はきわめて個人的なものだ。一人に対する真摯《しんし》な態度は、その本人にエンパワーメントするだけでなく、本人以外の人々の心を動かすのである。自己中心は人生で背負うもっとも重い荷物の源泉であるが、他者に奉仕すること、つまり重荷を軽くすることは、まさに第一の偉大さの本質である。第二の偉大さは、この奉仕の精神とはまったく関係がない。

俳優をしている友人がある日、ニューヨークの劇場で俳優仲間の舞台を観ていた。観客の受けがいま一つに見えたので、彼はアドバイスを送ろうとオーケストラピットに向かった。彼はその作品をよく知っていたので、友人が舞台をどう動きどこに立つか正確にわかっていた。

オーケストラピットのすぐ前に立つわずかなタイミングを見計らって、メッセージを送ろうとしたのだ。

俳優がその場所で立ち止まったとき、彼は頭を上げて友人の目を見て、「ぼくに向かって話せ」と声をかけた。

俳優はすぐにメッセージを理解した。俳優は観客の目がどんよりとしていることに気づいていなかった。観客席は生気を失った塊と化していたのだ。「ぼくに向かって話せ」と言われて、自分が語りかけねばならないのは一人ひとり異なる感情やものの見方を持つ生きた個人、一人ひとりに存在意義のある個人であることを理解したのである。俳優はすぐにそのことを意識し始めた。強烈な舞台照明のために観客の顔はほとんど見えなかったが、かろうじて何人かの顔が見えたので、その中の一人に向かって語りかけるように演技すると、観客席の関心がみるみると戻ってきた。多くの人に影響を与えるための鍵は一人に対する態度にある。だから観客席と結びつき、観客の心を動かすことができたのである。

私の名前までは知らない

大学で教えていたときのことである。ある学期の最後の講義が終わると、一人の学生が私のもとにやってきて、一連の授業がとても良かったと言ってくれた。その講義は五五〇人もの学生が受けていた。彼は感謝の言葉に続けて、「先生はこの分野で重要な業績を上げておられて、とても尊敬しています。先生の知識はすごいですよね。もっとも、私の名前まではご存知ないでしょうけれど」と言ったのだった。

彼の最後の一言で、私は一つの真理を思い出した。「あなたが私をどれほど気遣っているかわかるまで、あなたにどれほど知識があっても私には関係ない」

先だって、ある大勢のグループに講演をする機会があり、スライドを映しながら話を進めた。技術アシスタントに「ではこのスライドを映して」「次のスライドに進んで」と指示を出した。後日、聴衆の一人から受け取った手紙に「講演を最初から最後まで聴いていましたが、あなたは一度も『お願いします』や『ありがとう』を言いませんでしたね」と書いてあった。

そのときの講演を思い出して、声の調子は丁寧だったはずだ、と多少自己弁護した。ただ、たしかに乱暴な命令口調で指示したわけではなかったものの、「ありがとう」という魔法の一言がなかったのは事実だ。そのせいで、手紙をくれた人には講演の内容は伝わらず、一般常識の礼儀や思いやりに欠けている私の態度だけが印象に残ったのである。

このフィードバックからも、一人に対する真摯《しんし》な態度は、その本人にエンパワーメントし、その場にいるほかの人々の心を動かすのだということがわかる。


一流のプロアスリートの友人が、オフシーズン中、所属している教会で四歳の子どもたちのクラスを受け持っている。彼はその子たちが大好きだ。一人ひとりの名前を覚えていて、必ず名前で呼びかける。子どもたちの能力や価値を認めている。一人ひとりに特別な関心を寄せ、機会を見つけては褒める。だから、子どもたちはよっぽどのことがない限りクラスを休まない。皆が彼に抱っこしてもらいたがり、彼の膝《ひざ》に座ろうとする。彼がそのつど一人の子にフォーカスするのは、彼にとってクラスの子どもたち全員が大切だからなのだ。

企業の顧客も、この子どもたちと同じである。名前で呼んでもらいたいし、営業スタッフが本心から自分を気にかけてくれていると感じたいのである。だから、それができればビジネスはたいていうまくいく。できなければ決裂する。それが大きな分かれ道になる。人間関係においては、小事は大事なのである。

一人に奉仕することの効果

大勢の人に対する影響の鍵は一人に対する態度にある。この原則がこれほど重要なのはなぜだろう？　そのような態度が多くの人たちの心の扉を開けるのはなぜだろうか？　それはおそらく、人の心の奥深くにある飢餓感に触れるからだろう。その飢餓感が理解され、尊重してもらえたと思うからである。何かのプレゼンテーションをするとき、目の前にいる聴衆に感謝し、彼らの心に触れるように語るというのは、「あなたは大切な人です。あなたならではの価値、能力を持っています。私はあなたを誰とも比較しません。あなたはかけがえのない人です。あなたの心にメッセージを残すことを許してもらうのは、個人の内面という聖地に立つことなのだとわかっています」という気持ちを一人ひとりに伝えることなのである。

自分が顧客の立場になってみると、企業の最前線で接客する人が注文をとったり、こちらの要求に対応したりするわずかな時間をすべて私のために使ってくれているかどうかはだいたいわかるものである。そうであれば、本心から気遣っていることを感じとることができる。

個人を気遣うことが良い結果に結びつくのは、相手をモノではなく人として接するというパラダイムだからである。スケジュールではなく人間関係を優先するからであり、効率性ではなく効果性を重視するからである。リソースを管理することではなく、個人と個人の関係を意識しなければならないのである。

一人に対する態度が多くの人たちの心の扉を開けるのは、人の心の奥深くにある飢餓感が理解され、尊重してもらえたと思えるからである。

個人を気遣う組織文化の中で働くと、人は驚くほど変化する。一例を挙げよう。娘のジェニーが私の会社の顧客サービス部門で働き始めた。六週間の研修期間が終わろうとしていたとき、「お父さん、研修期間が終わってしまうのはなんだか寂しい」と私に言ってきた。「どうして？」と聞くと、このような答えが返ってきた。「私たちはチームなの。ミスがあれば、それはチームのミスなの。だからみんながサポートしてくれる。私たちのチームのリーダーはボスじゃなくてサーバント・リーダーなの。私たちに対するリーダーの態度が、私たちがお客さんに対してとるべき態度の手本になっているんだと思う」

娘はさらに続けた。「お客さんとは電話でしか話したことがなくて、じかに会ったことは一度もないけれど、多くのお客さんと親しくなったの。あとで友だちとして電話をくれた人もいるし、手紙をくれた人もいる。前に一度しか話したことのない人がわざわざ私に注文の電話をくれて、アドバイスを求めてきたりもするのよ」自分がサービスチームの一員として尊重されていることが、顧客に対する自分の態度に、さらには顧客の自分に対する態度にも直接的に影響を与えていることを実体験から学んだのである。

三つの方法

では、社員が一人ひとりの顧客を気遣えるようになるにはどうすればいいのだろうか？　雇う、訓練する、あるいは組織文化の中で育てる、この三つの方法があると思う。

一．雇う

ある大手航空会社は、就職希望者を面接するとき、全員を一部屋に集めて一人ずつプレゼンテーションさせている。希望者は全員、目の前に居並ぶ役員がプレゼンテーションを評価するものと思う。ところが実際は、プレゼンテーションをする人ではなくほかの希望者たちを隠しカメラで撮影しており、役員はそれを見ている。他人のプレゼンテーションに協力的な態度で注意を向けている様子が見てとれる希望者は、普段から他者に自然と気を配ることができるとポジティブに評価される。自分の順番がくる前は人のプレゼンテーションは緊張で目に入らず、自分のプレゼンテーションが終わったら退屈そうにしている希望者は、たとえば誰かが目の前で困っていても、気持ちを寄せようとしない人だとネガティブに評価される。

二．訓練する

別の企業では、経営陣は自然体でチームプレーヤーに徹することのできる社員を見つけようとしている。そのために期限の短い課題を各チームに与える。課題はそれなりに複雑で難易度が高いので、いろいろなメンバーの専門知識が必要になる。やり遂げるにはチーム一丸とならなければいけない。この訓練をやらせてみて、それぞれの社員の性格や気質がすぐに表れることがわかったそうだ。チームプレーヤーになれない者はすぐに全体を仕切ろうとする。こういう社員は、マネジリアル・グリッドでいえば仕事への関心が強いタイプなのだが、一部のメンバーを無視したり、見下したり、ぞんざいな態度で接したりする。逆に人間関係への関心ばかりが強く、仕事に対する関心が低い社員もいる。どちらのタイプでも仕事を完遂するのは難しい。

この訓練で非常に重要なポイントは、各社員のチームスキルを評価するのは同じチームのほかのメンバーで、相互評価だということだ。訓練の期間が終わり、自分の評価を見て「なんてことだ、私は皆をこのように扱っていたのか」と愕然《がくぜん》とするわけである。

三．育てる

人を気遣える社員を雇うこともできれば、そのように訓練することもできる。しかしもっとも効果的な方法は、組織文化そのものに社会的規範を根づかせ、奉仕の精神を育てることだろう。人に対してはこのように接するものなのだとわかってくれれば、組織文化そのものが持続的な競争優位性になる。

サーバント・リーダーシップの精神を組織文化として育てていくと、誰もが他者を尊重し、気遣い、親切に接するようになる。そのような態度を自然にとれない社員も、組織文化の中で次第に変化していく。

以前、リッツ・カールトンの人事部長を訪ねたとき、同社のモットーが「紳士淑女が紳士淑女にサービスを提供する」であると教えられた。私は彼女に「このモットーは、御社の文化が個人を尊重しているということですよね。あなたのプライベート、家庭生活にも影響を与えていますか？」と尋ねた。

「もちろんです。まるで変わりました。実は、私は里子に出されまして、とても難しい境遇で育ちました。虐待を受けましたし、いくつかの家庭をたらいまわしにもされました。そんな生活の中で精神的にサバイバルする力を身につけたのです。心の中では怒っていたり、嫌気がさしていたりしても、自分を抑えて顔には出さず、会社の同僚やお客様には朗らかに振る舞う努力をしていました。でも職場を離れると抑えが効かなくなります。誰かの態度が少し気に障っただけで、その人に職場でのフラストレーションをぶつけていました」

私は彼女に言った。「悪い感情を口に出さないからといって、消えてなくなるわけではありません。ずっとくすぶりつづけ、時が経ってから、もっとひどいかたちで出てくるものです」

「ええ。私の場合はいつも大切な人にばかりぶつけていたんです」

「それが変わったわけですね？」

「この会社は私にとってもう一つの家庭のようなものです。同僚のみんなが私に模範を見せてくれます。今では子どもたちに対する見方や態度が変わりました。自分が抱えている仕事に対する関心よりも、家の中の雰囲気を明るく快適にすることのほうに関心があるくらいです」

リッツ・カールトンの別のホテルに勤めている男性社員も、基本的には同じことを言っていた。

「この会社の文化はとても素晴らしい。私にとっては家族同然です。休暇でリッツを利用するときも、ロビーでお客様とスタッフのやりとりを眺めているくらいです。お互いを尊重していて、その様子がとてもいい」

今の社会では、真摯《しんし》に礼儀正しく接する態度がだいぶ失われ、人を見下したり、操ったりする態度が横行している。高級ホテルやリゾート地でさえ、利用客は本当の礼儀正しさは期待できないと思う。それは本来、お金で買えるものではない。それどころか富裕層を相手にするサービス業界では、人間関係のテクニックでゲストを操りさえすればチップをはずんでもらえるからか、従業員はエリート意識を持つ傾向さえ見られる。

以前のフライトで、妊娠した女性が片腕に子どもを抱っこし、片腕に大きなバッグを持って飛行機に乗り込もうとしていた。そのそばで二人のフライトアテンダントが立ち話をしていて、女性に目もくれようとしない。私は立ち上がり、「お手伝いしましょうか」と彼女に声をかけた。フライトアテンダントは、私とその女性がバッグを荷物入れに押し込もうと悪戦苦闘しているのを黙って見ているだけだった。荷物を入れるのを手伝うのはフライトアテンダントの職務概要書には書いていないのかもしれないが、職業人としての自覚があるならば、手を貸すはずだ。おそらく会社でそのような扱いを受けているのだろうと思う。社員が苦情を訴えても一切耳を貸さない会社に違いない。

もう一つ例を挙げよう。息子をスキーのリフトに初めて一人で乗せたときのことだ。息子は怖がっていたが、「心配いらない。少し遅くするように係の人に頼むから」と言って励ました。リフトが近づいてきて、私は操作員に「少し速度を落としてもらえますか？ この子は、初めて一人で乗るので」と言った。

彼は眉をひそめ、ひどく嫌そうな顔をして「まあ、いいですよ」と応じた。

息子はスキーがとても好きだったが、そのときを境にすっかり熱が冷めてしまった。気持ちが弱くなっているときは、他人の声のほんのわずかな変化にも傷つくことがある。特に子どもは人の心の動きを感じとる第六感を持っていて、瞬時に察知できるから、些細《ささい》な当てこすりにも心を傷める。だから、息子にとってスキーのキャリアはあれで終わってしまったのである。

リフトの操作員は上司に普段から同じような扱いを受けているのではないか。「その日は親戚の集まりがあるので休みにしてもらえませんか」と申し出れば、上司はおそらく舌打ちをし、「何を考えているんだ。その日はシフトに入っているじゃないか」と素っ気なく答えるだけ。そしてその上司もまた、自分勝手で気まぐれな上司に同じような扱いを受けているのだろう。

私くらいの年齢になり経験を重ねていると、顧客に対する社員の態度から、その会社が社員をどう扱っているかすぐに見抜ける。これは連鎖反応なのである。

もちろん、律儀に上司のまねをして反応的に生きる必要などない。私たちは他人の言動に気分を害さずにいることを主体的に選択できるのである。基本的な原則を誠実に守って生き、自分の内面から安心感を得られるようになれば、誰かから愛されていないときでもその人を愛することができ、親切にされなくとも親切にでき、せかされても辛抱強くいられるのである。

耳に痛いフィードバックをもらっても反発せず、真摯《しんし》に受け止められる人はサーバント・リーダーになれる。そしてサーバント・リーダーになる能力は、達成したいことのビジョンを明確にすることでいっそう養われる。私たちに見えるのは、自分が追求しようとしているものである。崇高な目的を追求するなら、他者のかけがえのない能力も見えてくる。だから、勇気を出して正直に話せる人にフィードバックを求めることが大切だ。ネガティブなフィードバックをしてくれた人を遠ざけてはいけない。むしろ感謝し、謙虚に認めて「その点は直すよ。すまなかった」と言えるようになろう。誰か一人に対してこのような態度をとれれば、次の人にはもっと真摯《しんし》な態度で接したいと思うようになるものだ。

私くらいの年齢になり経験を重ねていると、顧客に対する社員の態度から、その会社が社員をどう扱っているかすぐに見抜ける。これは連鎖反応なのである。

応用とアドバイス

❖「あなたは大切な人です。あなたならではの価値、能力を持っています。私はあなたを誰とも比較しません。あなたはかけがえのない人です。あなたの心にメッセージを残すことを許してもらうのは、個人の内面という聖地に立つことなのだとわかっています」あなたは誰かに対して、このような気持ちで接したことがあるだろうか？　誰となら、このような人間関係を築けるだろうか？　その人間関係を築くためのステップを書き留めよう。

❖社員の扱われ方と顧客に対する社員の態度には相関関係がある。これはいわば連鎖反応だ。あなたの組織の鎖はどうなっているだろうか？　鎖のどの部分でトラブルが起こりやすいだろうか？　あなた自身と同僚の連鎖を強くするために今日からでもできることは何だろう？

❖他人に気分を害されず、孤立するのを恐れない態度を身につけることが大切である。それには、基本の原則を誠実に守って生き、自分の内面から安心感を得なければならない。そうすれば、誰かに愛されなくともその人を愛することができ、親切にされなくても親切にでき、せかされても辛抱強くいられる。人からないがしろにされたり、気分を害するようなことがあったりしたら、ぐっとこらえてみよう。あなたの態度にどのような変化があるだろうか？

第一一章　責任感のてこ

親は子どもに助言し正しい道に導くことはできるけれど、最終的な人格形成は子ども自身の手に委ねられている。

アンネ・フランク

第一の偉大さには、責任を引き受ける態度が不可欠である。良い結果が出て、それは自分の責任でやったことだと言うのは誰にでもできる。しかし物事がうまくいかないときにこそ、あなたの責任感が試される。自分の人生の責任を引き受けようとせず、うまくいかなかった結果を境遇や他人のせいにばかりする人は、「被害者」を職業にしているようなものである。それとは対照的に、第一の偉大さを実践する人は、自分の人生を決めるのは自分自身の選択であることを自覚している。境遇で決まるものではないし、他人の選択には左右されないことを知っているのである。

ある企業の役員が次のようなことを言っていた。「会社では有能な社員と良い関係が築けず、家庭では一〇代の息子との関係がぎくしゃくしています。目下の最大の悩みはそれですね。短気なので、社員にも息子にもすぐ怒鳴りつけてしまいます。どうしたら彼らとの関係を良くできるか、彼らが私に対して抱いているイメージを変えるにはどうすればよいか、悩んでいるのですよ」

幸いにして、どんな状況であっても希望はある。壊れた関係を修復し、信頼口座を立て直し、ポジティブな影響力を取り戻すことができる。そのための効果的な方法を見ていこう。

最後の一コドラントまで払う

誰しも人を傷つけたり、人から傷つけられたりする。そして傷つけるときも傷つけられるときも、謙虚になれずに自分の側の責任を認めようとしない。自己弁護し、自分の行動を正当化してしまうのだ。相手が悪いのだ、相手はそういう人なのだという見方を裏づける証拠を探し出して突きつける。しかしそれでは発端となった問題が悪化するだけである。最後には、お互いが自分の内面に感情的な牢獄をつくり、相手を閉じ込めることになる。

その牢獄から出してもらうには、最後の一コドラント（聖書の貨

幣）まで払わなくてはならない。最後の一コドラントまで払うというのは、必要な代償を払わなくてはならないということである。その問題における自分の責任を謙虚に認めることである。たとえ相手にそれなりの責任があるとしても、自分の責任は責任として全面的に認める。そして本心から謝れば、相手はあなたの真意を感じとるだろう。もちろん、あなたの誠実さが相手に見えるようにするためには、謝罪の言葉がその後の行動と一致しなければならない。

最後の一コドラントまで払うには、謝罪の言葉どおりの行動をとらなくてはならない。相手との信頼口座がマイナスになっていたら、謝罪だけではとても埋め合わせることはできないからだ。自分の行動で招いた問題を言葉だけで解決することはできない。誠意を見せなければならないのである。普段から口では謝っても、その後の行動にまるで変化がなければ、謝罪の言葉をいくら繰り返しても意味はない。

相手だって責任を認めるべきだと思い、最初の一コドラントしか払わずにいたら、解決に至ることはない。そのような態度に対しては相手のほうも最初の一コドラントしか払わず、「私も悪かった。でも私だけが悪いわけじゃない、あなたにも責任がある」という態度を崩さないだろう。あなたが最後の一コドラントを払うまで、相手は次の一コドラントは払わないのである。

最後の一コドラントまで払うためには、「私が間違っていた」「友だちの前で気まずい思いをさせてすまなかった」「君が入念な準備をしていたのに、会議で話の腰を折ってしまって申し訳ない。君に謝るのは当然だが、会議に出ていた人たちにも謝りたい。私が君にあんな態度をとってしまったのを皆も見ていたわけだからね。彼らも気分を害したと思う」というように、本気で謝らなくてはならない。自分の言動を正当化したり、相手をうまく言いくるめようとしたりしてはいけない。開き直って相手を責めるなどもってほかだ。相手の頭の中の牢獄から出してもらうためには、最後の一コドラントまで払わなければならないのである。

最後の一コドラントまで払わなかったら、どうなるか考えてみよう。まず、誰かとの関係が行き詰っていて、その状況にあなたも少なからず責任があると想像してみてほしい。自分の責任を内心では認めているけれども、それを相手に伝えず、謝りもせず、態度を少し良くするだけだったら、相手はあなたの真意を疑うはずだ。相手はすでに傷ついている。だからあなたに良い顔をされたら、むしろガードが強くなるだけである。あなたの態度の変わりよう、親切そうな表情を怪訝《けげん》に思い、次に何が起こるのだろうと身構える。あなたの言動が良くなっても、相手の嫌悪感は少しも減らない。自分の頭の中にできた鉄格子の向こうにあなたを閉じ込めている限り、何をしても状況は変わらないのである。相手が自分の内面につくった牢獄は、あなたに貼ったレッテルなのだ。あなたが自分の落ち度や間違いを具体的に、そして全面的に認めてはじめて、最後の一コドラントを払ったことになるのである。

原則の具体的な効果

自尊心を持てず、自分の行動の責任を引き受けようとしない人は、業績の低さを他人のせいにしがちだが、私の経験から言って、最後の一コドラントまで払うという原則は、こうした人たちにも効果てきめんである。

以前、私の会社にどうにも業績の上がらない若手の社員いた。私は知らず知らずのうちに、仕事のできない社員だというレッテルを彼に貼ってしまっていた。彼を見かけたり、名前を聞いたりするたびに、そんなふうに思っていたのだ。

しかしそのうち、私が貼ったレッテルが自己達成的予言になっていたことに気づいた。誰かにレッテルを貼り、そのように接していると、その人はレッテルどおりの人間になってしまうのである。そこで私は、最後の一コドラントまで払おうと決心した。その若い社員のところに行き、「君を仕事のできない社員と思い込んでいた。君の業績が良くならないのは、私にも責任がある」と正直に話し、許しを求めたのである。

そのときから私と彼の関係は正直という新たな土台に築かれていった。彼はめきめきと実力を発揮し、素晴らしい業績を上げるようになった。

多くの小説が「報われない愛」をテーマに書かれている。過去に傷ついた経験があると、無条件に人を愛することを拒むようになる。人を愛することに臆病になって心の中に閉じこもり、自分を守ろうとする。愛を疑い、揶揄《やゆ》し、ときには蔑みもする。傷つきやすい内面を見せたくはないから、自分から心を開こうとしないのだ。

私は以前、人間関係で傷ついた娘にこう話した。「おまえは今、傷つきやすくなっている。その傷つきやすさをずっと持っていなさい」

「なぜ？ 私、とても傷ついたのよ」と娘は答えた。

「その人間関係に心の安定を求める必要はないんだよ。自分の誠実さから心の安定を得ていれば、傷つきやすい自分の弱さも認めることができる。そうであってこそ、美しい人間になれる。自分から心を開き、裏表のない人間が美しいものなんだ。一度傷ついたからといって、人を拒絶したり、新しい機会に扉を閉ざしていたりしたら、自分の周りに壁をつくってしまい、誰からも愛されなくなる。おまえの素晴らしいところは、傷つくリスクを負っても人を信じようとするところだと思うよ」

誰かにレッテルを貼り、そのように接していると、その人はレッテルどおりの人間になる。

法律のハードルを取り払う

最後の一コドラントまで払おうとするとき、多くの人が法律的な障害にぶつかる。たとえば弁護士は、完全な無実を勝ちとるためには謝罪は一切してはいけない、少しでも謝ったら罪を認めることになりますよ、と依頼人に助言する。

多くのビジネス・リーダーの思考は、弁護士のマインドセットに縛られている。合法性にこだわるのだ。場合によっては守りの姿勢をとることも賢明ではあるが、弁護士のような思考回路で判断し手を打っておけば、将来問題が起きたときに役立つだろうというのがビジネス・リーダーの理屈なのである。

これは結婚前契約を取り交わすようなものだ。結婚前契約とは、万一離婚することになった場合、不動産をどのように分けるかをあらかじめ取り決めておく契約である。結婚前契約が離婚を思いとどまらせる例も少なくなく、何事も現実的に考える夫婦にとってはよいのかもしれないが、これは理想を追求するような態度ではない。理想を捨ててしまうのは、保身や自己防御に傾きやすい人間の性質を乗り越える能力を捨ててしまうのと同じである。

法律的なマインドセットが身についていると、最悪のケースを思い描き、その脚本で一番悪い人を決めつけ、自分の立場を正当化する証拠を探すようになる。このような考え方そのものが原因となり、状況がますます敵対的になっていく。

仮に弁護士が必要な事態になったら、法律的なマインドを抑制でき、弁護士のスキルを使うタイミングをわきまえていて、人生と人間に対してポジティブな考え方のできる弁護士を選ぶべきである。

正直に「私が間違っていた」と認めるだけで、実際にはビジネスの問題の多くは解決する。以前、某企業のCEOに会ったときのことである。彼は開口一番「さきほど組合の幹部たちとの重要な会議があったのですが、出ていってしまいましてね」と言った。理由を尋ねると、会社側が一部の組合員を不当に扱ったことを認めたものの、「たいしたことではありませんから」とまるで意に介していない。

私は言った。「いいですか、彼らが組合の幹部として果たそうとしていたミッションは、あなたにとっては些細《ささい》なことなのでしょうか。あなたは謝らなくてはなりません。あなたが間違っているなら、それを今すぐ認めなくてはいけませんよ。ぐずぐずしないで、すぐに呼びましょう。今ならまだ話し合えるはずです」

ＣＥＯは私の助言に従った。誠意をもって謝罪し、組合の幹部もそれを真摯《しんし》に受け入れた。そして会議を再開した。誠意ある謝罪は人に対しててこの効果をもたらすのである。

この原則は、意見の違いの解決、人間関係の立て直し、ストライキの調停、国際的な商取引の育成に驚くほど効果がある。個人的にごく親しい人との関係においては、本心から「私が間違っていた。ごめんなさい。何とか埋め合わせたい」と言い、最後の一コドラントまで払えば、相手の心は必ず動くものである。

最後の一コドラントまで払うのは、相手をもっと知るための努力でもある。古代ギリシャでは、敵（enemy）と見知らぬ人（stranger）はxenos（クセノス）という同じ単語だった。敵の人となりをよく知ることによって、敵は見知らぬ人ではなくなる。これをきっかけにして、礼節と奉仕の精神の文化が徐々に培われていく。そのような文化の中では、誰にでも短所があることを皆がわかっていて、しかし誰もが謙虚で真摯《しんし》であり、正直に自分のことを話し、お互いの弱みを補おうとするのである。

六つのポイント

壊れてしまったり、緊張状態にあったりする人間関係を立て直すのにこの原則を使う場合には、次の六つのポイントに注意してほしい。

一・自分にも責任の一端があることを正直に認める

自分の内面を見つめてみれば、相手を傷つけ、侮辱し、あるいは見下していたことに気づくはずだ。その人のことを理解していなかったのかもしれない。相手がわが子だったら、躾《しつけ》に一貫性がなかったのかもしれないし、条件つきの愛情を示していたのかもしれない。

リーダーが最後の一コドラントまで払わないと、ほとんどの場合は道徳的権威を失うことになる。リーダーが持つ力のほとんどは道徳的権威で成り立っている。知識労働者の多い水平型組織ではなおさらである。現代の情報社会においては、誰もが同じ情報を手にできるのだから、リーダーが権力を笠に着て威張り散らすことはできない。リーダーが手にできるもっとも強い力は、道徳的権威なのである。

二．人は深く傷つくと心を閉ざし、殻に閉じこもる

誰かにひどく傷つけられたり、気まずい思いをさせられたりすると、被害者意識を持つようになる。頭の中につくった牢獄に相手を閉じ込め、解放しようとしない。また傷つけられるのではないかと恐れ、自分の身を守りたいから、不親切で不公正な人だというレッテルを貼り、理解することを拒むのである。

三．相手の信頼を取り戻さない限り、行動を改めても、この牢獄から出してはもらえない

謝らずに行動だけを改めるのはリスクが大きすぎる。相手は、表向き変化した行動や表情を疑い、あなたがうまく取り入ろうとしているのだと受け止めるだろう。「この人を信頼していたのに、こんなことになるとは」と思うかもしれない。内心では導きと支えを求め、この気持ちを何とかしてほしいと叫んでいても、あなたを不定期刑で牢獄に閉じ込めておくのである。

四．牢獄から出してもらうには、自分の間違いを認めて本人に謝り、許しを求めるしかない

自分の間違いを具体的に述べなければ、和解には至らない。回りくどい説明や言い訳はせず、自己防御もしてはいけない。自分の何が間違っていたのか、素直に認める。なぜ牢獄に入れられているのかを理解し、そこから出してもらうための代償を払う。謝ればいいだろうと軽く考え、「彼には気の毒なことをしたと思うし、そのことは謝るけれども、彼も自分の責任を認めなければ、これ以上のことはできない」というのが本音であれば、和解は表面的なものにしかならない。それは本心からの謝罪ではなく、相手を操っているにすぎないのだ。相手の胸の内には混乱と疑念が渦巻いたままであり、お互いの関係に新たなストレスが生まれるだけである。

五．最後の一コドラントまで払うアプローチは、相手の気持ちを操るテクニックではなく、本気で行わなくてはならない

効果的だからという理由だけでこのアプローチを使ったら、ブーメランのように自分の元に返ってくる。結局のところ自分も被害者だと思っているから、テクニックで何とかしようとするのだ。その被害者意識を捨てなければならない。あなたの内面の奥深くで真の変化がなされない限り、いずれまた相手の傷つきやすい心の中にずかずかと入っていくことになる。すると相手は、以前よりも厚く高い壁をつくる。そのときにまた「悪かった」と言っても、とても信じてはもらえない。うわべだけの謝罪の言葉を繰り返したところで、信頼も許しも得られるわけがない。

六．どんな状況であっても、最後の一コドラントまで払えば相手の内面の牢獄から解放され、コミュニケーションの新しい機会が生まれる。そうすれば相手に影響を与えられるようになり、相手にとっては容易には受け入れられないことでも、強制されるのではなく、前向きに受け入れる気持ちなり、そこで問題は解決する

感情的な一線を超え、誰かを侮辱し、傷つけてしまったとき、内心では自分の行きすぎた言動に気づいているものである。そうした自覚がありながら、相手にも非があるのだからと、自分を正当化したくなることもあるだろう。人を傷つけたら、本人のところに行って謝り、許しを求めなければならないことは頭ではわかっていても、プライドが邪魔をして最後の一コドラントまで払うことができないこともある。しかし結局は自分のプライドを飲み込み、誠意をもって謝り、許しを求めなければならないのである。

応用とアドバイス

❖ 誰かが誠意をもってあなたに謝り、許しを求めたことがあるだろうか？　それはお互いの関係にどのような影響を与えただろう？　あなたの謝罪を求めている人がいたら、すぐに実行しよう。どのように謝ったか？　その人との関係はどう変化しただろうか？

❖ 今、あなたは誰かに怒りや恨みの気持ちを抱いているだろうか？　自分を被害者のように感じているだろうか？　被害者意識を持ったままでいると、どのような結果になるだろう？　被害者意識を捨てるために、今日からできることを実行しよう。

❖ 自分を顧みて、謝るだけで行動は変えていないということはないだろうか？　それはどのような結果に結びつくだろうか？　誰かとの関係の改善を妨げているのは、あなたのどのような部分だろう？　それを変えるためにできることを実行しよう。

第一二章　忠誠心のてこ

賢人は思想について語り、凡人は出来事について語り、愚人は人について語る。

エレノア・ルーズベルト

第一の偉大さを身につけている人は、他者に対して忠実である。何も疑わずただひたすら忠実なのではなく、他者をステレオタイプに当てはめたり、本人がいないところで一方的に批判したり、レッテルを貼ったりするのを拒むという意味での忠実さである。うぬぼれから他者を見下したり、周りの人たちの未熟さを軽蔑したりする人が少なくないが、そのような態度は自分から重荷を背負っているのと同じだ。他人に非現実的な期待をせず、人間として忠実でありさえすれば、その重荷を下ろすことができるのである。

第一の偉大さがもっとも試されるのは、その場にいない人に忠実でいられるかどうかである。その場にいない人はあなたが見えないし、あなたが自分のことをどう言っているかもわからない。あなたが忠実であるかどうか知りようがないのである。そのようなときにこそ、あなたの本当の人格が表れる。なにもその場にいない人を批判してはいけないと言っているのではない。建設的な批判ならば遠慮することはないし、たまたま会話を聞かれても、あるいはよくあるように人づてに本人の耳に入っても、あなたが気まずい思いをしない批判であれば問題はない。傍観者の立場から他人にレッテルを貼り、ステレオタイプに当てはめ、そうした見下しを裏づける証拠をわざわざ探すようなまねをしてはいけないのである。

四つのエピソード

その場にいない人に忠実であるとはどういうことか具体的に理解できるように、四つのエピソードを紹介しよう。

私は以前、ハワイの大学に客員教授で招かれたことがあった。そのときに割り当てられた教員住宅があまりにお粗末で、腹が立って仕方がなかった。そこで私を客員教授として招聘《しょうへい》してくれた学長にじか談判に行った。学長に会うなり、私は教員住宅の責任者への不

満を述べ立てた。その人物が熱心さに欠け、職責を果たしていないように思えたのだ。

私の話を聴いて、学長はこう言った。「スティーブン、住宅のことは本当にすまない。だがね、住宅部長は実に有能で立派な人物なのだよ。彼をここに呼んで一緒に解決しようじゃないか」

学長が住宅部長にどれほど忠実であるか、よくわかるだろう。学長の態度は完全に正しい。私はとても気まずく、穴があったら入りたいくらいだった。「いいえ、あなたが取り計らってくだされば結構です。私はただこういう問題があると伝えたかっただけなので」と喉《のど》まで出かかったが、とても言えなかった。学長は私自身も責任を果たすことを求めていたからである。

学長は電話をかけ、住宅部長を呼び出した。彼がキャンパスを横切って歩いてくるのが窓から見えた。私はその間ずっと、「きちんと問題点を伝えられるだろうか。これに関しては私にも責任の一端があるはずだ」と考えていた。住宅部長が学長室に入ってきたときには、私の怒りは消えてなくなり、謙虚になっていた。

私は学長の人柄にも深く感動した。私に気まずい思いをさせてまでも、その場にいなかった住宅部長に忠実だったのである。私はこの苦々しい体験を通して正しい原則を学んだのである。

住宅部長と対面したとき、私は態度を豹変《ひょうへん》させ「こんにちは。はじめまして」と笑顔で挨拶した。しかしほんの数分前は、この人の陰口をたたいていたのだ。学長は私の二面性を感じとったに違いなく、それがまた私の気まずさを増幅させた。

とはいえ、私にとっては貴重な学習体験だった。その場にいない人を悪く言うのはやめよう、本人に知られたら自分を恥じてしまうような陰口はたたくまい、そう心に誓ったのである。その場にいる人たちは、気心の通じていない間柄であればなおさら、私が彼らにも同じようなことをすると思うだろう。

> その場にいない人はあなたが見えないし、あなたが自分のことをどう言っているかもわからない。あなたが忠実であるかどうか、知りようがないのである。そのようなときにこそ、あなたの本当の人格が表れる。

この住宅部長の話を講演で紹介したことがある。講演のあと、大手銀行の副頭取が私のところにやってきて、次のような話をしてくれた。「私も同じような経験があります。ある支店に客として行ったのですが、窓口係の女性の応対がぞんざいだったものですから、責任者の部長に注意したのです。私が突然支店に姿を見せると、ほとんどの行員は戸惑って萎縮してしまいます。しかし彼は違いました。『不手際がありまして申し訳ございません。彼女はたいへん優秀な行員なのですが。

ここに呼んで一緒に話しましょう。直接注意していただいてかまいませんので』と言ったのですよ」

副頭取は部長にこう言った。「いや、いいよ。君が対処してくれればいい。私は君に伝えたかっただけだから、これ以上はかかわらないほうがいいと思う」それに対して部長は副頭取に問いかけた。「私がこの窓口係だったら、直接話してほしいと思います。副頭取もそうではないですか？」

この部長は副頭取を前にして筋の通った行動をとったのである。どれほど勇気の要ることだったか、想像に難くないだろう。副頭取は「そうだね、私もそう思うよ」と答えざるをえなかった。答えるまでもないほど自明のことだった。こうして窓口係の女性を交え、三人で話し合いを持った。窓口係は副頭取からフィードバックを受け、お互いに責任ある態度で問題を解決することができたのである。

それから副頭取は私にこう話した。「ある支店の支店長を決めるとき、私は彼を推薦したのですよ。あのときの態度が立派でしたからね。上の立場にある人間を前にしても、勇気があり正直で、その場にいない人間に忠実でいられるのですから、ほかのことにも誠実に対処できるはずです」

次に紹介するのは、へき地のガソリンスタンドの店長のエピソードである。この店長は、顧客からもっと利益を上げるために、ありもしない車のトラブルを指摘する方法をスタッフに教えた。彼が考える方法は次のようなものだ。

スタンドに車が入ってきたら、まずナンバープレートを確認する。他州のナンバーなら、この車の持ち主に会うことはおそらく二度とない。そこで、この客が車に詳しいかどうか探りを入れる。ボンネットの下の技術的な話を振ってみる。たとえば「スターティングモーターが少しおかしいですね」と言って、「スターティングモーターだって？　何それ？」と聞いてきたら、この客はいいカモになるということだ。あとはこちらの好きにできるというわけである。

スタッフは「自分の車だったらスターティングモーターにトラブルがあるのはいやですね、砂漠を走っていてエンストしたら大変ですから」と言ってたたみかける。

「そんなことになったらたまったもんじゃない。どうしたらいいだろう？」と客は言う。

「新しいモーターを特別価格で提供させていただきますよ。原価でお売りします。取りつけ費用も込みです」

するとカモは考える。「それはいい！　二百ドルなら儲けものだ。普通は作業費をプラスして三四九ドルだからな」

しかしこのマネージャーはスタッフに向かってほくそ笑む。モーターの価格には四〇パーセントのマージンが含まれていることを知っているのだ。

後日、スタッフたちの間でこの話が持ち上がる。「あの店長、お客さんにあんなことをするくらいだから、我々にも平気で嘘《うそ》をつくよな」

店長がスタッフもだまそうとすることは、彼らにはお見通しなのである。


以前、カナダの国境を越えてアメリカに帰るとき、半額セールをやっている店に入った。半額の値札がついた革のコートがすぐに目に入った。店内に客は私だけで、あとは販売員二人と店主がいた。店主が「お買い得ですよ」と私に声をかけ、熱心に売り込んできた。コートは私の体にぴったりで、とても気に入った。

私は店主に言った。「割引価格になっているけれども、それでも高いですよねえ。関税はいくらになります？」

「かかりません。関税を払う必要はないです」

「でも、外国で買ったものは申告しなければいけませんよね」

「ご心配には及びません。お召しになればいいのですよ。みなさんそうなさっています」

「しかし関税申告書に署名しましたから」

「みなさんそうなさっています。税関職員は質問すらしませんよ。コートを着て国境を越えればいいだけです。どうぞお気になさらず」

「いや、私が気にするのは、あなたの後ろにいる二人の販売員のことですよ。コミッションやキャリア教育などで、あなたが自分たちをどう扱うか二人とも不安に思っているのではないでしょうか」

私の言葉を聞いて、店主も二人の販売員も恥じ入ったように顔を赤らめた。

真の得策とは？

今、あなたはこう考えていることだろう。「どんな企業も厳しい競争にさらされている。騎士道精神にのっとってライバル企業のことを悪く言わないのは得策じゃない」

しかし、それが得策なのである。たとえば、他人をステレオタイプに当てはめ、レッテルを貼り、嘲笑するのを自分の部下に許していたら、あなた自身も部下のいないところでひどいことを言っていると認めているようなものだからだ。「私は原則中心の生き方をしていない。誰かを犠牲にして得をし、楽に生きることだけを考えている」と白状しているのも同然なのである。顧客を見下すようなことを口にしたら、社員や取引先のことも見下しているのだろうと思われるだけである。

九九人の心をつかむ鍵を握っているのは、一人に対する接し方である。あなたが一人に対して誠意を持って接するのを周りの人たちが見ていれば、別の状況でも、それがたとえプレッシャーのかかる状況であっても、自分たちにも同じように接してくれるはずだと思えるのである。

会議の場ではよく、出席していない人のことが話題に上る。しかし往々にして、その人の立場や信頼性をおとしめるような話になってしまう。

会議でそのような展開になると、私は必ず擁護する側に立つことにしている。私の周りの人たちが、その場にいない人にレッテルを貼り、批判するようなまねはしてほしくないからだ。軽率な発言が出ると、「彼のことでそんな言い方はよくないよ」と釘を指す。その人物の良い面を挙げたりもする。私自身、その人に苦言を呈したいことがあっても、本人に聞かれてこちらが気まずくなるようなことは言わないようにしている。

九九人の心をつかむ鍵を握っているのは、一人に対する接し方である。あなたが一人に対して誠意を持って接するのを周りの人たちが見ていれば、別の状況でも、たとえそれがプレッシャーのかかる状況であっても、自分たちにも同じように接してくれるはずだと思えるのである。

あなたがその場にいない人の誠実さを擁護したら、その場にいる人たちはどのように受け止めるだろうか？　自分にたちにも同じようにしてくれると思うはずだ。皆の前で擁護するのは勇気が要る。何も言わないほうがはるかに気は楽だ。しかし、自分の信念と価値観に従って誰かを擁護する機会があるのなら、その機会をみすみす逃してはいけないのである。

そのほかの忠誠なあり方

忠誠心のあり方は、その場にいない人に忠実であること以外にもある。七つのあり方を見ていこう。

一．社会的弱者、マイノリティ、被害者など弱い立場の人を守る

国連事務総長を務めた偉大な人物、ダグ・ハマーショルドはかつて「大勢の人を救おうと一生懸命に働くよりも、一人の人のために自分のすべてを捧げるほうが尊い」と語った。私はこの言葉がとても好きだ。一人に真摯《しんし》に寄り添うとき、その態度に私たちの人格が表れ、多くの人たちに影響を与えるのである。

人権を守るために、私たちが民主主義社会で何を行うべきか考えてみてほしい。完璧に公正な社

会はまだ実現できていないけれども、私たちはその理想のために努力しなければならない。公正さという理想を追求していくのである。

二．議論を予測し、承諾を得る

物議をかもしている人物のことが話題に上る会議があるとしよう。あなたはその人に電話し「君が出席できないことはわかっているけれども、君のことをこのように話してもよいだろうか、君の立場をこのように代弁してもよいだろうか」と承諾を得ておくとよい。

三．会議の後で本人に報告する

会議が終わったら、その人に電話し、会議はどうだったか、その人についてどのような意見が出たか、あなたは何をしたか、正確に報告する。その人から誤解されるかもしれないと危惧しているならなおさら、あなたがどのような意図で何をどう話したのか正確に伝える必要がある。

四．その場にいない顧客のことを考える

総合的品質管理運動は顧客をもっとも重視し、最優先にしている。企業は徐々に、顧客や仕入先

などすべての利害関係者を尊重しなければならないことに気づいている。

五．人物や出来事のバックグラウンドを擁護する

組織が活動する地理的範囲が広くなり、文化的多様性が進むにつれ、逆に縄張り意識や意見の対立が目立つようになってくる。誰かがけなされたり、揶揄《やゆ》されたりしていたら、「その人の出身地の文化はこことは異なるのだから、そんなことは言わないほうがいい。臆測で決めつけるのはやめよう」と諭す。

六．次の会議で自分の立場や状況を弁明する機会を与える

誰にでも言い分はある。何が起こったのか、なぜそうなったのかを説明する機会は与えるべきである。

七．良い面を挙げて褒める

プロジェクト・チームのメンバーと会議を持ったときのことである。メンバーたちがライバルとみなす人物をバッシングし始めたので、私はこう言った。「そのように決めつけられたら、彼は不本意だろうね。もっと高い評価に値する人ですよ。彼はこの時代を代表するプレゼンターの一人です」

自分の噂《うわさ》というのは、だいたいわかる。中傷されていたり、ライバルが何か企んでいたりすれば、感じとれるものである。これは私たちが考えている以上に普通のことだと思う。自分が軽視されていたら、第六感が働いて察知するのである。

無神経な陰口や軽い気持ちで書いた根も葉もない噂《うわさ》が表沙汰になり、広まっていく例は枚挙にいとまがない。その場にいない人を擁護するのは、そうした無神経な言葉――人格攻撃や軽率な判断、お粗末な決めつけ――が、自分に跳ね返ってきて窮地に陥らないためでもあるのだ。

応用とアドバイス

❖ 次の質問への答えを書こう。
・誰かの陰口を言う輪に加わったことはあるか？
・その行動はあなたの人格にどのような影響を与えるだろうか？
・その場にいない人の誠実さを擁護するのは、その場にいる人たちにとってどのようなメッセージになるか？

❖ そばにいる人たちがその場にいない人を批判したり、噂話《うわさ》を始めたりしても、話に加わらずにいる。どんな成り行きになるか注意してみよう。

❖ あなたの建設的なフィードバックを必要としている人は誰か？ その人にフィードバックする計画を立て、実行する。結果はどうだったか、フィードバックしてみてどう感じたか、記録しよう。

❖

「大勢の人を救おうと一生懸命に働くよりも、一人の人のために自分のすべてを捧げるほうが尊い」この言葉はあなたにとってどのような意味があるか？　あなたの献身や奉仕を必要としている人を一人挙げ、その人に自分のすべてを捧げるためにできることを書き留めよう。

第一三章　相互依存のてこ

愛する大切な人の鏡に映ってはじめて、人は自分の美しさを知り、自分の価値を実感できる。これは人間にとって絶対的な必然である。

ジョン・ジョセフ・パウエル

第一の偉大さは、相互依存の原則を土台にしている。あなたが与えるものは、あなた自身に返ってくるという原則である。公正の概念はあらゆる文化に深く根づいている。第二の偉大さだけを信じている人は、どんな人間関係も損得で考える。彼らの信条は「私にどんな得がある？」なのだ。それとは対照的に相互依存の原則に従って生きる人は、ほかの人たちもＷｉｎを手にしなければ、自分の人生はＷｉｎにはならないことを知っているのである。

私にどんな得があるのか――この問いかけしかせずに人生を送っている人は少なくない。このような人がたまたまあなたの友人にいたら、あるいはわが子やパートナーがそうだったら、あなたは重大な問題に直面していることになる。ビジネスでも同じだ。あなたの部下や顧客が「私にどんな得があるのか」としか考えないタイプだったら、Ｗｉｎ-Ｌｏｓｅのような一方通行の人間関係をお互いのためになる関係に変えていかなければならない。顧客や仕入先は、リーダーが相互依存の関係を育てられない限り、自分の利益しか追求しないのである。

ビジネスの世界でいえば、たとえばカスタマーサービスのほとんどは一方通行の関係である。最前線で顧客に接するサービス担当者の声に耳を傾けると、「こっちは与える一方、お客さんはありがとうも言わずにとっていくだけ」というような愚痴が聞こえてきそうだ。

彼らはこんなふうに思っている。「お得意様というものはもういない。よその店でもっと安い値段で出していたら、もっと良い製品やプログラムが市場にあれば、そっちを買う。お客様と強固な関係を築こうといくら努力しても、多くの人は値段の安いほうへ流れていく」

「私たちはお客様に最高のサービスプログラムを提供している。し

かしお客様はそれを利用するだけ利用して、あとはどこかへ行ってしまう。そんなことばかりだ」

もちろん、顧客のほうはこれと真逆のことを考えている。

「客に金を出させることばかり考えているみたいだ。やっていることは質問に答えさせたり、メールに返信させたりすることだけなのに」

「お金を払えば払うほど、サービスが低下していくような感じがする。航空会社から病院までどこもかしこも」

その場限りで終わらないための六つのステップ

では、人生でもっとも大切な人間関係を相互依存の関係にするには、どうしたらいいのだろうか？

人間関係の質は多くの物事を左右する。相互理解の上に成り立っている人間関係であれば、絆が強くなり、お互いのためになる関係ができていくのである。

一・まずは自分自身を見つめる

人間関係を良くしたいなら、相手の態度を変えさせようとする安易な道をとってはならない。まずは自分自身を見つめなくてはならない。あなたが抱えている問題の根本原因は、あなた自身の人格にある。だから根本的な解決策も自分の人格にあるのだ。原則に基づいた生き方をして人格を磨き、人間関係を築いていかなければならないのである。

自分自身との関係は、他者との関係に影響を与えもすれば、他者との関係から影響を受けもする。逆に言えば、他者との関係は自分自身との関係を土台にしているのである。他者と良い関係を築く能力は、自分自身と正直な関係を築いて、内面の安定と調和が得られれば、自然と身につくのだ。

たとえば、ビジネス・パートナーや顧客との距離が近くなり親しくなるほど、自分の態度、行動を多少なりとも変えなければならないことがある。自分自身をもっと好きになり、自尊心が深まるほど、他者を好きになることのハードルが低くなり、もっと人のためになりたいと思うようになる。自己防御や保身は考えず、もっと心を開き、他者の気持ちを尊重するようになる。たとえば店に入って素っ気ない接客を受けても、この店員には何か悩みでもあるのだろうと思えるようになるのだ。

誰かを理解するためには、その人に心を開き、共感できなくてはならないが、その努力は同時に、内面が不安定な人には耐えられないかもしれないリスクも伴う。それは自分の意見や判断を変える必要性に迫られるリスクである。権限を振るって抑圧し、無理強いして、理想的な職場環境や家庭環境ができることは絶対にない。理想的な環境は、自分自身の内面が変化し、時代を超えて不変の原則と調和して生きることによってはじめて生まれるのである。重要な原則を守り、私利私欲を超えた目的に献身しているうちに、少しずつ内面が統一されていき、誠実さが培われていく。矛盾と不安定が調和と安定へと変化していくのである。安心感は、外部からではなく自分の内面から得るものだ。他人からどう思われているか、あるいは社会的な地位や所有物からは、心の安定は得られない。

人間関係の質は、毎日の些細《ささい》なことに表れる。ちょっとした親切や優しさ、ふとしたときのギブ・アンド・テイクの態度などだ。本当の人格がこうした小事に表れるのは、普段は意識して自分の周りにつくっているガードを外し、身構えていないからである。一見して意味のないような物事や単純な習慣の中に、本当の自分が顔をのぞかせるのだ。

人間関係の築き方を教える公式の多くは、晴天の思想である。これらの公式は、嵐のない穏やかな環境であれば、簡単に使えてうまくいきそうに思える。しかし、そもそも人格の根っこに働きかけてはいないから、鎮痛剤や麻酔剤の役割しか果たさない。嵐がやってきたら、人間関係はたちまち崩壊してしまう。前後の見境がなくなって相手を糾弾し、批判し、憎しみをぶつける。あるいは自分の殻に閉じこもってひたすら無視する。逆に自分を責めることもあるだろう。

誰しも、人を愛し、理解し、受け入れたいと思う。しかしそうしても相手から温かい気持ちを得られないのではないかと恐れ、何かの役割を演じて自分を守ろうとする。本当の自分を出さず、恐る恐るコミュニケーションをとる。他者を裁き、レッテルを貼ることによって、自分を他者の上に置く。このような行動パターンのせいで、愛情を必要としていても受け入れようとしないのだ。たとえ誰かから愛情を示されても、拒んでしまうのである。

人間関係における私たちの役割は、光を照らすことであって、裁くことではない。不安や劣等感を乗り越え、自信と心の安定を獲得するノウハウは嫌というほど耳にするけれども、人格の根っこ、人生の法則と計画を取り上げる助言者はほとんどいない。しかし、人間関係の破綻《はたん》の根本原因は、本来の自己から遠ざかる自己疎外なのである。

現代の文化的規範の多くは、人間関係をうまく利用し、自分のプライドを守り、傷つけられる前に傷つけ、何事も疑ってかかり、手っ取り早い方法をとりなさい、ということを示している。得るものは多く、与えるものは少なくという考え方であり、必要とあらば他者を犠牲にしてでも、自分の欲望、自己中心的な利益を満たそうとする態度である。

しかし、このネガティブな文化的規範を乗り越え、それを凌駕《りょうが》する道徳的法則に従えば、文化的な条件づけからどんどん解放されていくだろう。

人間関係を良くしたいなら、相手の態度を変えさせようとする安易な道をとってはならない。まずは自分自身を見つめ、自分に正直にならなくてはいけない。

二．親密な絆をつくる

親と子、あるいは企業と顧客の絆を強くする鍵は、Win-Winのマインドセットにある。顧客との間に親密さという絆ができると、こんな声が聞けるようになるだろう。「あなたは私よりも私のニーズを知っていますね。私は今現在のニーズしか知らないようです。例えるなら自分の森の中にいて周りが見えていない状態です。あなたの視野のほうが広く、森全体を見渡しています。私の現在のニーズ、そして将来のニーズもあなたに頼むことにしましょう。それと、これからは私についてあなたが知らないことを教えますよ。そうすればあなたも自分について知らなかったことが見えるでしょう」

対話が進んでいけば、お互いの関係を深く洞察するようになる。個人同士、あるいは企業同士でも、親密な絆ができれば、「私にどんな得があるのか？」とはそうそう言い出せないものである。

絆が強くなるほど、相手を気遣い、お互いのためにもっと頑張ろうと思うようになる。相互依存の人間関係で強い絆ができていれば、どちらも自己中心的な態度はとれない。絆と自己中心は両立しえない概念なのだ。

三．知識と情報を共有する

情報をすすんで共有し、厳しい状況に協力して取り組み、お互いを理解することに努め、お互いのためになる方法を探す。それには対話が重要になってくる。「この地域でのコストダウンに苦労しているようですね。それに関してわかったことがあるのですが……」「ええ、たしかに苦労しています。何か情報があるのですか？」このようにお互いを理解しようとするコミュニケーションが、真の人間関係を育てていく。

以前、ＣＥＯの集まりで講演したとき、「三六〇度フィードバックをしている人はどのくらいいますか？」と質問した。ほとんどのＣＥＯが手を挙げたが、それはきわめて異例なことだ。そこに集まっていたのは有能なリーダーばかりだった。彼らにとって、株主と株価の関係も、従業員と最終利益の関係も断絶してはいない。すべてが一つにまとまり、統合体をなしているのだ。彼らは、その統合体が生態系のようなものであることをわかっている。今の世界では、これまで以上に企業と顧客の相互依存が顕著になっているのである。

四．すべての利害関係者との関係に配慮する

たとえば従業員の満足を犠牲にして顧客の満足だけを追求するというように、特定の利害関係者だけを重視し、それ以外の利害関係者を排除していたら、利害関係者全体の満足度は下がってしまう。効果性の高いマネージャーは、会社の業績のために従業員は利用するだけ利用しようなどとは考えない。そもそも、企業は供給者であると同時に顧客でもあるのだ。私の会社は顧客に対しては供給者であり、会社の取引先である供給者に対しては顧客なのである。私はあなたのニーズを満たし、あなたは私のニーズを満たす、という相互関係にあるのだ。結局のところ、ビジネスはさまざまな関係で成り立っている。たしかに技術的に対処すべき側面はあるけれども、人々（あらゆる利害関係者）のニーズに対応したほうが良い結果に結びつくはずだ。軽視してもよい利害関係者など存在しない。顧客とは強固な関係を築いていながら、仕入先にはひどい態度をとる会社を目にすることがたびたびある。こうした会社は物事を全体としてとらえず、仕切りをつけて個別に考えている。環境を汚染し、次世代にツケを回し、あるいは社会のニーズを無視して、黄金の卵を産むガチョウを殺しているのである。

五．最前線に立つ人たちを思いやる

最前線で顧客に対応する人たちは、経営者にいいように使われながら、感謝されない傾向がある。しかし彼らこそ、サービス企業の成功を左右する存在なのである。最前線の社員が最高のサービスを提供するためには、彼らとの関係を育てなくてはならない。どうすればよいだろうか？　ここにも相互依存の原則が当てはまる。まず、最前線に立つ社員は顧客の要望と会社のポリシーの板挟みになり、毎日のように十字砲火を浴びていることを認識してほしい。彼らはまさに緩衝地帯で踏ん張っているのであり、そのことは感謝されてしかるべきなのである。以前、フライトアテンダントが愚痴をこぼしているのを飛行機の中で聞いたことがある。会社の待遇がひどいうえに、乗客にもあしざまに扱われるのだと、涙ながらに話していた。

陸軍大将コリン・パウエルはかつて、ある将軍のリーダーシップのスタイルについて次のように語っていた。「彼は厳しい監視者だった。任務は必ず遂行されるのだが、それは隊員の士気によってではなく、彼の威圧によってだった。スタッフ会議は彼の大演説の場と化し、視察は取り調べとなる。いつ終わるともしれない負の圧力が部隊長と隊員を疲弊させていた」これとはまるで対照的に、コリン・パウエルが師と仰いでいたバーナード・レフキ将軍のリーダーシップは、チーム・スピリットで部隊を鼓舞するスタイルだった。レフキはベトナムで、最高の働きをした前線の兵士を毎日一人選んでたたえ、自分のテントで就寝させ、彼自身は前線の隊員のテントで寝ていた。このようなリーダーのためだったら、もっと頑張ろうという気持ちになるのは自然なことだろう。

六．「尺には尺を」ではなく慈悲の心を選ぶ

シェイクスピアは、『尺には尺を』と『ヴェニスの商人』の中で、「ぴったり一ポンドの肉」と「尺には尺を」という仕返しのジレンマを洞察している。『ヴェニスの商人』の終盤で、公正なポーシアは慈悲の徳を詩的に説く。

「慈悲というものはな、強制さるべきものではない。慈雨が天から注いで、この大地を潤すようにだな、まさにそうあってあるべきもの。祝福は二重にある。慈悲は、まず与える者を祝福し、また受ける者をも祝福する。これこそはもっとも大いなるものにあって、もっとも大いなる美徳、人の君たるものには、その王冠よりもさらにふさわしいもの。手にする笏《しゃく》、いわばこれは王に対する畏怖を意味する威武尊厳の象徴であり、ただこの地上における権力を示すにすぎぬが、それに対してだな、慈悲とは、この権力による支配以上のものであり、王たるものの心の王座に宿るものなのだ。いうなれば、神そのものの性質でもあるのだ……（中略）……ただ正義、正義の一途で進むの

では、結局誰一人救われるものはいまい。我々みんな神に慈悲を求めて祈る、その祈りこそ、とりも直さず、我々互いに、慈悲を施し合えと教えているのではなかろうか？」

他者もあなたと同じように愛と理解と慈悲を必要としているのである。これらの簡潔にして明快な原則を一貫して実践すれば、第一の偉大さに結びつく人間関係を築けるのである。

顧客に助けを求める

顧客と相互依存の関係ができていれば、会社が困っているときに大きな力になってくれる。

何年も前、パンアメリカン航空の業績が低迷し始めたころのことである。私の知人にもパンナムを長年愛用していた人は多く、財政難にあるパンナムの力になりたいと思っている人もいた。パンナムの顧客の中には実際に支援の手を差し伸べる人もいたが、閉店セールで格安のチケットを手にしようと期待している人たちがほとんどだった。パンナムのトップは顧客の支援を組織化せず、最後まで支援を求めようとしなかった。おそらく、それまでの数限りないフライトで顧客との間に親密な関係を築いてこなかったことを自覚していて、信頼口座の残高をわかっていたからだろう。

経営難に陥った会社のリーダーが、利害関係者に包み隠さず窮状を訴えるケースはよくある。利害関係者に力を貸してもらいたいがためなのだが、残念なことに、会社が持ち直すと、協力してくれた人たちのことも、会社を救った原則もきれいさっぱり忘れてしまうリーダーがほとんどである。

政治家の世界も同じだ。失態で支持を落とした政治家が次の選挙で有権者からセカンドチャンスをもらい当選しても、また同じことを繰り返すことが多い。

相互依存の関係は、健全な投資利益をもたらす。自己犠牲は実を結ぶのである。長い目で見れば、蒔《ま》いた種は必ず収穫できるのであり、これは普遍的な法則だ。あなたの自己犠牲は他者の心を強く動かすから、何倍にもなってあなたに返ってくる。繰り返すが、ビジネスの世界には顧客と供給者の双方向の関係で成り立っている。そして誰もが、組織の中と外で顧客と供給者の役割を同時に果たしている。ビジネスの本質は関係にある。原則に基づいて相互依存の関係が築かれていれば、果実はおのずと収穫できる。慈善が裏切られることはないのだ。

顧客、わが子、あるいは有権者なら、いっときはだませるかもしれない。しかし自然は決してだまされはしない。メリットがあれば預け入れをするし、なければ引き出すまでだ。相互依存の原則は、重力の法則と同じように常に作用している。自然の法則、倫理的原則に反すれば、それ相応の結果が待っている。誰しも人生の最期に、それまで毎日自分の信頼口座に払ってきた行動の残高を見ることになるのである。

相互依存の原則は、重力の法則と同じように常に作用している。自然の法則、倫理的原則に反すれば、それ相応の結果が待っているのだ。誰しも人生の最期には、それまで毎日自分の信頼口座に払ってきた行動の残高を見ることになるのである。

応用とアドバイス

❖ 次の質問への答えを書こう。

「自分自身を好きになるほど、他者を好きになることのハードルが低くなり、もっと人のためになりたいと思うようになる。自己防御や保身は考えず、もっと心を開き、他者の気持を尊重するようになる」自分自身と良い関係を築ければ、他者とも良い関係を築くことができる。自分との関係を良くするためにはどうすればよいだろうか？　自分のどんな部分を改善したいか？　自分をもっと肯定し自尊心を深めるためには、どうすればよいだろうか、どのようなステップを踏めばよいだろうか？

❖

「人間関係の質は、毎日の些細《ささい》なことに表れる。ちょっとした親切や優しさ、ふとしたときのギブ・アンド・テイクの態度などだ」職場、家庭での大切な人間関係を良くするために、今日からできる「些細《ささい》なこと」は何だろうか？　実行し、結果を記録しよう。

第一四章　多様性のてこ

多様性の中には美しさと強さがあることを、親は子どもが小さいうちから教えるべきである。

マヤ・アンジェロウ

第二の偉大さばかりを追い求める人は、自分のクローンをつくりたがる。自分と似たような人だけを周りに集め、自分と同じ意見だけに耳を傾ける。出自や学歴、経験、意見などが異なる人を受け入れようとしない。しかし人と同じであることは、あなたの成長を抑えつけ、活力を奪いとっていくのである。それに対して第一の偉大さは、多様性を追求する。限られたデータや視野の狭い考え方に縛られていたら、成功にはいつまでも手が届かない。多様性がなければシナジーは生まれず、シナジーが起きなければ、新しいことも起きないのである。

相互補完

昨今は多くの組織にネガティブなシナジーが見られる。意見の違いにうまく対処できず、ポジティブで生産的な人間関係を維持できずにいるようだ。職場の人間関係がネガティブに動いていると、必ずといってよいほど創造的な潜在能力が発揮されないまま埋もれてしまう。このネガティブな人間関係を逆転させ、もっと創造的で斬新な考え方をし、ポジティブな結果を出すにはどうすればよいのかと、どの組織も悩んでいる。鍵は、自分のクローンをつくるのをやめ、多様性を尊重することにある。

相互補完的なチームをつくらずに、似たような人間を集めてしまうのは、人間の性質からして自然の成り行きかもしれない。しかし自分のクローンをつくるのはネガティブなエネルギーを生み、他者の才能や潜在能力を抑え込んでしまう。逆に、一つの目標のもとに結束するチームでも、それぞれが異なる考え方、やり方、アプローチを持ち寄り、さまざまな役割を果たすチームであれば、相互補完的なチームになり、各人の才能が十分に発揮され、潜在的なエネルギーが解放される。

それにしてもクローンをつくりたがる傾向がこれほど強くなり、蔓延《まんえん》しているのはなぜなのだろうか？　リーダーはクローンをつく

ることによって安心感を得るからだ。しかしその安心は偽物以外のなにものでもない。周りの人たちがあなたと同じように考え、あなたと同じように行動し、あなたと同じように話し、あなたのほうを向き、あなたの言葉を引用し、あなたと同じような服装をすれば、あなたは自分がリーダーとして認められているような気分になるだろう。周りの人たちがあなたの言動をまねることに価値を置いているから、自分は価値のある人間なのだと勘違いするのだ。彼らクローンが話すことは、あなたが聞きたいことであって、知りたいことではない。チームは表面的には調和し、まとまっているように見えても、創造性は発揮されず、シナジーは起こらず、団結もしなければ、安定もしない。クローンをつくりたがるのは内面が不安定だからであり、原則ではなく最大多数の意見に中心を置いた生き方をしているからだ。

多くの企業は、経済的な必要性から多様性の原則を学んでいる。実際、主要企業のほとんどは多様性やシナジーの重要性を支持している。これらの企業のレポートを読んだり、トップの話を聴いたりすると必ず、チーム、多様性、シナジー、イノベーションが取り上げられている。グローバル市場で最終利益を確保するには、これらの原則が不可欠なのである。

同一と統一は違うものであるし、画一性は団結を意味しない。新しい理想は何か、それは相互補完である。それぞれに異なる才能を持つメンバーが、一つのビジョンと目的のもとに団結し、それぞれが自分の役割と職務を果たし、自分のものの見方、独自の能力を発揮するチームである。

個人的な経験から言わせてもらえば、自己を超える目的と共通の価値観がなければ、個々人の違いはネガティブなエネルギーを生み、生産性を阻害する。ポジティブなエネルギーを生みもしなければ、シナジーが起こることもない。それはひとえに、基本の原則を土台にしてチームが団結していないからである。原則のもとにチームがまとまっていれば、違いを受け入れ、ポジティブなシナジーも生まれるのである。

リーダーはクローンをつくることによって安心感を得る。しかしその安心は偽物以外のなにものでもない。周りの人たちがあなたと同じように考え、あなたと同じように行動し、あなたと同じように話し、あなたのほうを向き、あなたの言葉を引用し、あなたと同じような服装をすれば、あなたは自分がリーダーとして認められているような気分になるだろう。周りの人たちがあなたの言動をまねることに価値を置いているから、自分は価値のある人間だと感じるのである。しかし彼らクローンが話すことは、あなたが聞きたいことであって、知りたいことではない。

エルンスト・フリードリヒ・シューマッハー（ドイツ生まれのイギリスの経済学者）は、名著『混迷の時代を超えて――人間復興の哲学』（小島慶三・斎藤志郎訳、佑学社）の中で、収斂《しゅうれん》する問題と拡散する問題について論じている。収斂《しゅうれん》する問題とは、たとえば車のトラブルである。車が故障したら、故障の箇所を確認する。その診断のプロセスは問題の解決に収斂《しゅうれん》していくわけである。しかし拡散する問題の場合、自己を超える目的がなければ、問題を調べれば調べるほど視点が拡散し、意見の違いが広がっていき、失敗する確率が高くなる。

シューマッハーは、この原則をフランス共和国の標語「自由、平等、博愛」を使って説明している。「自由と平等の概念を推し進めすぎると、価値観が拡散することがわかるだろう。自由と平等は方向が真逆だからである。平等とは、全員が同じに扱われることを意味し、自由とは一人ひとりが違っていてよいという権利を持つことである。この二つを超越する価値観が博愛である。したがって、博愛を最高の価値観とするならば、自由と平等は対立しないのである」

拡散する問題にぶつかったときは、その問題よりも高次にあり、問題に結びつけることのできる目的を見つける必要があるとシューマッハーは言っている。それができればポジティブなシナジーを取り戻せるのだ。

しばらく前のことだが、自宅を建てる計画に疑問を持ったので、妻と一緒に施工業者と建築家に会いに行った。私は施工業者に「建築家のこのアイデア、どう思います？」と聞いた。「いいんじゃないですかね」と彼は答えた。私はなおも「あなたが受けた印象としてはどうです？」と聞く。「建築家さんがいいと思っているなら、それでいいです」と彼は答える。私はさらに「あなた自身はどうなんですか？」と聞く。「そうですねえ、いいんじゃないですかねえ」と相変わらずの答えだ。「それなら、あなたはもう必要ないです」と私は言った。すると施工業者は「どういうことですか？」と慌てた。「二人が同じ意見なら、片方は不要だということです。二人とも同じならシナジーは起きない。あなたが正直に自分の考えを話してくれなければ、あなたがいくら良い考えを持っていてもわからないし、チームとしてシナジーを起こすこともできないでしょう」

その後、四人で話し合いを持ったが、全員が自分の意見を自由に述べ、ポジティブなエネルギーがあふれ出てきた。異なる意見も尊重された。全員が同じ目的を持っていた。ものの見方はそれぞれ違っていても、一人ひとりがそのプロジェクトに独自の貢献をした。個々の違いが強さとなり、シナジーを創り出し、最初のアイデアよりもはるかに良い第3の案ができたのである。

内面の安定がシナジーにつながる

家を建てる、製品をデザインする、サービスを提供する、結婚生活を充実させるなど、どんな場合でも、シナジーを創り出すためには違いを尊重する原則に従わなくてはならない。

この原則を「そうだ、そのとおりだ」と思うなら、もっと頻繁に実践してほしい。私たちが日頃、さまざまなプロジェクトや人間関係でシナジーを創り出せない最大の理由は、他者との違いが自分の内面の安定を脅かすと感じているからである。自分が正しくなければならないという価値観を持っていたら、私たちの内面は始終ぐらついていることになる。

他者の違いを尊重し、むしろ喜ぶことができれば、原則に基づいた共通のビジョンと目的、誠実さが内面の安定の源泉になる。あなたもそのようにして内面の安定を得ているなら、自発的に自由に行動し、状況に適応でき、自分が間違っていれば躊躇《ちゅうちょ》なく認め、自分を変えることができる。要は、ポジティブで協力的な人間になれるのだ。

息子のジョシュアは、高校の新入生フットボール・チームでクォーターバックのレギュラーを目指していた。ある日、「父さん、いいプレーをするととても自信がつくんだよね」と言ってきた。それに対して私はこう答えた。「おまえの自信の源がフットボールではなく、正しい原則を生きることにあるなら、自分に自信を持てて、いいプレーができるんだ。チームのメンバーのことを思いやる、チームの一員に徹する、日々努力する、コーチに対して正直になる、一人ひとりの違いを大切することを学ぶ。こういう原則を守れば、ポジティブなエネルギーが湧いてきて、チームでシナジーを起こせるんだよ」

息子が私の話を真剣に聴いていたかどうか定かではなかったけれども、それから一週間後の試合で、興味深いことが起きた。クォーターバックを希望していたもう一人の少年が前半のプレーをコーチに叱られ、ハーフタイムのロッカールームでがっくりと肩を落としていた。後半は出たくないとまで思い詰めていた。

後日、ジョシュアは私にこのような話をしてくれた。「ぼくはあいつを押しのけてクォーターバックになりたくなかった。親友だからね。あいつのことが心配だったし。でもチームのことも考えたんだ。そして自分にできることを全力でやったんだよ」

ジョシュアは、友人の強み（スピード、体力、体格）を、自分の強み（敏捷性《びんしょうせい》とパスの精度）でもっと引き出せるのではないかと考え、コーチに提案し友人を交えて話し合いを持った。ジョシュアがこれほどまでのことを実行できたのは、友人を一人の人間として尊重し、心から気遣い、立ち直ってほしいと願ったからである。

業績、地位、世論のようなものを自分のアイデンティティや内面の安定、自信の土台にしてはいけない。共有できるビジョンとミッションがあってこそ、皆を結びつける崇高な目的と正しい原則を土台にしてアイデンティティを確立できるのである。私たちには目的と原則の両方が必要なのだ。ビジョンだけでなく価値観も必要なのである。あなたのミッション・ステートメントが原則しか取り上げていなかったら、あなたは良い人間にはなれるかもしれないが、何のために良い人間になるのかわからない。逆にビジョンがあっても原則や価値観がなければ、トップに上り詰めることはできるかもしれないが、そのプロセスでは多くの他者と衝突し、追い落とすのである。

保険会社の役員として名をはせたアルバート・E・グレーは、彼の言う「成功の共通点」を発見することに生涯を費やし、そして「成功者たちの共通点は、成功していない人たちの嫌がることを実行に移す習慣を身につけているということである」[※11]という確信を持つに至った。成功している人たちにしてみても、必ずしも好きでそれを行っているわけではない。しかし、嫌だという感情をその目的意識の強さに服従させているのである。

第一の偉大さを追求するなら、自分を鼓舞するビジョンと自己を超えた目的を持たなくてはならない。思い込みや自分のやり方に固執するのをやめ、違いを尊重しなければならない。お互いの違いを喜んで協力することによって、物事を前に進めるより良い方法が生まれるのである。

ある日のこと、会社の役員会を終えてから、我々を結びつけているものは共通の目的なのだと気づいた。会議では全員が自分の意見を述べ、目的を達成するために提案されていた方法について、喧々諤々《けんけんがくがく》の議論がなされていた。しかし、その会議にネガティブなエネルギーは微塵《みじん》もなかったのである。


あらゆる人間関係において、自己を超える目的を持ち、ビジョンとミッションを共有できれば、お互いの違いがどれほどあろうとも受け入れられるし、その違いがむしろ強みになる。それどころか、私たちは違いを求めるべきなのである。他者との違いから学ばなければ、私たちの能力は不完全なデータや狭い視野に制限されてしまうことになる。自分のものの見方、自分の歴史、自分の価値観しか持てず、しかもそのレンズを通して、会社や結婚生活で起こる物事を眺めてしまうのだ。

二一世紀のビジネスにおいては、私たちはお互いに協力し合い、組織内の意見にも顧客の声にも耳を傾け、パートナーシップを確立することが求められる。このプロセスには多様性が必要であり、お互いの違いを認め、尊重しなければならないのである。

業績、地位、世論のようなものを自分のアイデンティティや内面の安定、自信の土台にしてはいけない。共有できるビジョンとミッションがあってこそ、皆を結びつける崇高な目的と正しい原則を土台にしてアイデンティティを確立できるのである。私たちには目的と原則の両方が必要なのだ。ビジョンだけでなく価値観も必要なのである。

ポジティブなシナジーの果実

シナジーから得られる素晴らしい果実には、製品やサービス、人間関係の改善などがある。全体が部分の総和よりも大きくなることを実感できるはずだ。真に創造的な協力ができれば、一人では絶対にできないものを生み出せるのである。不可能にしか思えない壮大な目標を何人かのグループに与え、取り組ませてみる。その目標に対する新しい考え方を必ず見つけ出すだろう。

シナジーのもう一つの利点は、人々を結びつけることだ。あなたと私が協力し、以前にはなかったものを生み出すという創造的な体験ができたら、その記憶が私たちを結びつけるのである。

あなたはこれまでに、わが子と創造的な体験を持ったことがあるだろうか？　その体験は親子関係にどんな影響を与えただろう？　私の場合は子どもたちと順番に一対一のデートをするのだが、デートの計画は子どもたちに任せることにしている。子どもたちが計画を立て、ユニークで楽しめることを一緒にするわけである。娘のコリーンは、私とのデートの体験を何冊ものノートに記録しているほどだ。

シナジーにはもう一つ大きな利点がある。文化的な免疫システムができることだ。文化の中にT細胞と白血球があれば、あらゆる問題や違いに免疫ができている。違いを排除しようとする力にあらがい、勝った経験があるから、またそのような問題にぶつかっても闘えることがわかるのだ。

最後の注意事項

賢明な父親が結婚相手を探すときの注意点を息子に説いた。父親が強調したのは「共通点は多ければ多いほどいい。どうしたって違いのほうが多いのだから」ということだった。これはたしかに真実である。一人ひとりの違いを尊重し多様性を推進しても、基本的な共通点がないために、結局は縄張り争いに明け暮れることになった会社を私はいくつも見ている。

もっとも重要な共通点は、思想、目的、価値観、ものの見方にかかわるものであって、人種や宗教、性別、国籍が同じである必要はない。たとえば子育ての基本的な考え方が違っている夫婦だったら、いずれ子育ての問題で対立し、結婚生活が破綻《はたん》する可能性すらある。もちろんビジョンとミッションを共有していても、子育てを巡る問題でうまく意思疎通が図れないこともあるだろう。しかしお互いがより高次にある価値観に目を向ければ、第3の案に到達することはできる。あるいは「それは私にとってはさほど重要ではないから、あなたのやり方でやってみよう」というような歩み寄りも可能になる。

多くの企業が多様性のプログラムの導入に苦労しているが、それは多様性を推進する必要性を十分にわかっているリーダーでも、採用や昇格を慎重に検討せず、多様なチーム構成になればよいと安易に決めてしまうからである。多様性のための多様性である限り、体裁だけ整える形式主義に陥るだろう。悪くすれば、重要な業務に取り組める環境ができず空中分解してしまう恐れもある。多様性を熱心に追求するあまり、そのときどきの状況を考慮せず、どんなときにも多様性を取り入れていたら、逆に反感を買い、シナジーよりも不協和音のほうが大きくなるだろう。

ここで言いたいのは、多様性にも弾性限界があるということだ。行き過ぎれば逆効果なのである。中核をなす問題について必要なのは共通性であって、多様性を求めてはいけないのだ。少なくとも目的と価値観は共有していなければならないし、できればそれらの価値観は原則に基づいているべきである。内面の安定の根源は、より高い目的と原則に対する誠意ある態度なのである。

成功者たちの共通点は、成功していない人たちの嫌がることを実行に移す習慣を身につけているということである。

―アルバート・E・グレー

応用とアドバイス

❖ 次の質問への答えを日記に書き留めよう。

・同じように考え、同じように行動するクローンばかりのチームにはどのような危険があるだろうか？

・あなたが個人的に経験した危険はどのようなものだったか？

❖ 相互補完的なチームとは、それぞれに異なる才能を持ったメンバーが共通のビジョンと目的のもとに団結し、さまざまな役割、職務を果たし、多様なものの見方や能力が発揮されるチームである。あなたのチームを相互補完的なチームにするためには、どうすればよいだろうか？　どのメンバーの才能を見過ごしているだろうか？　どのような集団思考がチームにブレーキをかけているだろうか？　チームにはどのような人材が欠けているだろうか？

❖ 次の質問への答えを書こう。

・これまでで最高の創造的なシナジー体験はどのようなものだったか？
・その体験でほかの人たちはどのような役割を果たしたか？
・どうすればそのときのようなシナジーを再現できるだろうか？

第一五章　学習のてこ

学ぶことをやめてしまった人は、年老いる。学び続ける人は、いつまでも若い。

ヘンリー・フォード

第二の偉大さだけを追求する人は、学ぶことにさほど興味がない。第一の偉大さを生きる人は、積極的に学ぼうとする。ビジネスの世界では、自分のスキルや知識を常に向上させる努力を怠る人はいずれ信頼されなくなる。それより何より、学ぶことそれ自体に価値があり、学習そのものが「第一の善」なのである。学ぶことに熱心で、見識を深める努力をすることこそ、人生を価値あるものにする。学び、進歩し続けることは、自分自身だけでなく、自分の人生で大切な人たちに対しても負う道徳的な義務なのである。

継続的な学習の必要性はビジネス上ではよく語られるが、人生を左右する重要な原則として語られることはめったにない。しかし現実においては、学び続けることはあなたの人生を救うのである。日頃から学んでいなければ、あっという間に時代から取り残されてしまうのだ。

ビジネスだけでなくプライベートにおいても学び成長していくことは、誰もが負っている責任だと私は思う。大がかりな学習プログラムに参加したり、学位や資格をとったりすることだけが生涯学習なのではない。職場で日常的に行われるオン・ザ・ジョブ・トレーニング、毎日の個人的な勉強も生涯学習の重要な部分なのである。こうして学習のてこを毎日少しでも押すことが意識を鋭くし、無気力に陥らずに時代についていくことができる。

バランスの原則の鍵は継続的な学習にある。まず考えてほしいのは、個人の成長と組織の成長のバランスである。さらには、ビジネスに関係する現在のニーズと将来求められる要件のバランス、自分が所属する業界に関係する学習と一般教養のバランスも重要だ。プライベートでも職場でも他者にフィードバックを求め、それに基づいた体系的なアプローチで学習する。学び続けるには、理論と実践のバランス、科学的な思考と人文学的な思考のバランスが必要なのである。

そして、もっと貢献し奉仕したいという気持ちを学習と成長のモ

チベーションにしてほしい。経済学者・哲学者のアダム・スミスが著書『道徳情操論』（米林富男訳、未来社）の中で説いている道徳的な意図こそが、第一の偉大さの中心にあるものなのだ。従業員個々人の知識や能力を利用していながら、従業員の教育にさして投資していない組織が多すぎる。それと同時に従業員のほうも、組織が提供するトレーニングや教育の機会を利用するだけ利用し、ビジネスに反映させていない。

このような「その場限り」で終わる学習は組織にとっても個人にとっても高くつく。責任はお互いに負わなくてはならないのだ。組織は従業員の学習と人事開発に十分な投資をし、組織が提供するトレーニング・プログラムを利用する従業員は、身につけたことを投資利益として組織に戻す。アダム・スミスは、道徳的な活力は個人と組織の双方が発揮しなければならないという趣旨のことを述べている。個人も組織もお互いに対する責任を果たさなくてはならないのだ。スミスが論じているように、自由企業制を適正に機能させるなら、すべての経済的関係は美徳と思いやりの上に成り立っていなければならないのである。

学び成長していくことは、誰もが負っている責任である。大がかりなプログラムに参加したり、学位や資格をとったりすることだけが生涯学習なのではない。職場で日常的に行われるオン・ザ・ジョブ・トレーニング、毎日の個人的な勉強も生涯学習の重要な部分なのである。

企業の責任

企業のニーズを詳しく分析していると、はっきり見えてくることがある。自分の人生に継続的学習の文化を創造できない人は、スキルを常に高め、テクノロジーの向上に努めている知識労働者と競争しても負けるだけだということである。

私が推測するところ、現在の労働者の約二〇％は時代に取り残されている。これから一〇年後には、学校を卒業すれば教育もそれで終わりという文化的な規範を克服できなければ、さらに二〇％の人たちが時代遅れとなっているだろう。私たちは、プライベートでもビジネスでも能力を開発し成長し続けていくことを決意しなければならない。

リッツ・カールトン・ホテルの共同創設者ホルスト・シュルツは、人は毎日新しいことを一つでも学ぶべきだという信念を持ち、日常的なトレーニングを提唱している。リッツでは毎日短時間のオン・ザ・ジョブ・トレーニングのセッションがあり、ほとんどのセッションは全社員が参加する双方向の対話形式で行われる。各ホテルの支配人は、本社から受けるメッセージを部下のニーズに合わせて伝える。これを毎日行うわけである。このように全社員が参加する体系的なトレーニングは、私も強く推奨したい。それでも、こうしたトレーニングにはコストがかかるという意見はホルスト・シュルツも始終耳にしていることだろう。しかし今の激動する世界では、そのコストをかけないことのほうが、結果的にはるかにコストがかかるのは明らかだ。費用対効果分析をすれば、継続的なトレーニングと教育のほうに軍配が上がるのである。

それでも依然として多くの人が継続的学習の価値を理解しておらず、ほとんどの経営者は体系的なトレーニングや能力開発に取り組んでいない。経営者の態度がそうであれば、従業員、製品、そして組織全体が時代に取り残される危険にさらされるのは避けられない。競争環境の中で組織が徐々に時代遅れになっていくに従い、経営者の内面も不安定になっていく。

終身雇用という心理的契約はもはや過去のものであり、内面の安定の源にはなりえない。市場が欲しているものを生み出し続ける能力を身につけなければ、内面の安定は得られない。そして市場が欲するものは常に変化している。自ら学び、変化し、成長し、市場に適応できてはじめて、私たちの内面は安定する。学び続ける力こそ、安定の源なのだ。

個人の責任

職業能力の開発は組織に依存せず、個人が自ら責任を持たなくてはならない。主体的な人なら、組織はあくまでリソースであって、今学ぶべきことを知るための情報源と考える。もちろん、そのリソースや情報源は実際に生かさなくては意味がない。

主体的な人が学習と職業能力の開発に責任を持って取り組むようになると、組織が提供する学習リソースは補完的なものとみなし始める。自ら負うべき責任を組織に転嫁したりはしない。仕事で秀でるために必要な学習の機会は組織がすべて与えてくれる、などという期待は抱いていない。主体的な人は、自分に適したトレーニングの機会を最大限に活用し、そこで身につけた能力を発揮し、組織に有意義な貢献をするのである。

そもそも、個人の成長に関して組織にできることは限られている。あとは私たちが個人として取り組まなくてはならないのだ。だから自己啓発や職業能力の開発のために自分から何かのプログラムを選んで学ぶ場合には、組織のニーズも考慮すべきである。そうしないと、学ぶ目的やタイミングがずれてしまうことになりかねない。個人の能力開発は、経済や産業の状況、自分の会社、現在の職務に関係したものであるべきなのだ。

しかしそれと同時に、あなたの会社や部署が時代に取り残された場合に、あなたまで取り残されてしまわないように、日頃から能力開発に努める必要がある。仕事に関係する分野だけに偏って学んでいたら、逆に市場の力に押し潰されてしまうとも限らない。今の仕事で有能なスペシャリストになることももちろん重要だが、個人としての成長のために、一般教養的なプログラムも続けていく必要がある。

教養を磨くには毎日一〜二時間でかなりのことができると思う。これに加えて一ヵ月に一日くらいは、現在の仕事に関係することだけでなく、将来の貢献につながることも見据えた体系的な学習を組み込むとよいだろう。私の場合も、一ヵ月に一日は職業能力のトレーニングを予定に入れ、毎日一〜二時間を一般教養の時間に充てている。

学習の手立て

ビジネスに関係する学習については、一般的には以下の方法を選べるだろう。

・情報の分析と統合

知識労働者は、工場の作業現場においても、思考力を磨き、特にデータの収集、分析、統合には鋭い思考力を身につけることが求められる。データ分析は今世紀に必要とされる最重要のスキルの一つといえるだろう。たとえば私の会社では、あるプロジェクトに関して分析を行ったところ、その新商品に巨大市場が潜在する可能性があるとの結果が出た。ところがそれは表面的な分析だったようで、分析の専門教育を受けていた別の社員が、ほんの数時間でまったく別の結果を出した。その商品の巨大市場など存在しないことが明らかになったのである。

・個人的な読書プログラム

はるか昔に受けた教育やトレーニングのほとんどは、今となっては時代遅れであり、効果はすでに薄れている。『ハーバード・ビジネス・レビュー』誌や『フォーチュン』誌など、時流を深く分析する雑誌を読んでビジネスの最新動向を押さえておく必要がある。また、『ビジネス・ウィーク』誌や『ウォール・ストリート・ジャーナル』紙などビジネス関連の雑誌や新聞を数タイトル購読する以外に、科学、経済、政治、アートの分野で代表的な定期刊行物を何冊か選ぶとよいだろう。ソーシャルメディアの主要なサイトでも、ビジネス界を分析し、思考を喚起する情報をいち早く提供している。ビジネスやリーダーシップに関する話題の新刊書を読むことも重要である。

・**古典を読み直す**

優れた文学に触れることも個人の学びには欠かせない。私の場合、大学の学部時代に手を抜いたせいで、それから何年もかけて埋め合わせなくてはならなかった。わが家の子どもたちのうち二人は国文学を専攻し、第一級の古典を学んだ。そのおかげで二人とも広い視野と深い見識が育ったようである。

・**自分だけの大学**

個人的な大学カリキュラムをつくってみる。インターネット上にはテッド・トークス（質の高い講演やプレゼンを見ることができる無料動画配信プロジェクト）やＭＯＯＣ（大規模オープンオンライン講義）などのオンライン公開講座があるので、それらを利用すれば重要な洞察が得られるだろう。オンラインの読書クラブに参加することもできる。今の時代、自分の責任で学び、能力を開発しようとする主体的な人であれば、いろいろなリソースを活用して自分に適したカリキュラムを組み、自分だけの大学をつくることができるのだ。

応用とアドバイス

❖ あなたはプライベートとビジネスの両方で自己啓発に継続的に取り組んでいるだろうか？　次の質問への答えを書こう。

・どんな分野の知識あるいはスキルを伸ばす必要があるか？　その努力を阻む壁は何か？

・学び続けるために、どのような機会を生かせるか？

・学習の目標を設定する。

「（時期）までに、（　　　　　）の資格をとる」「（時期）までに、（　　　　　）のオンライン講座を修了する」

❖ オンラインの豊富なリソースを利用して自分だけの大学をつくる。継続的に学べるようにプロセスの目標を明確に設定する。時代に取り残されないようにするために、どのようなサイト、定期刊行物、ポッドキャスト、カンファレンスが必要だろうか？　フォローすべきサイトの基準を設定し、それらのリソースを活用する計画を週単位で立ててみよう。

第一六章　再新再生のてこ

言葉は高いところから落とす卵のようなものだ。元に戻すことはできず、落としてしまった後の惨状はどうしようもない。

スティーブン・R・コヴィー

自分自身を省みず、自分の肉体、知性、情緒、精神をなおざりにしていたら、第一の偉大さを達成することなど絶対に無理である。肉体、知性、情緒、精神のどれもが人生に不可欠であり、日々コンスタントに再新再生を図る必要がある。このてこを毎日少し押すだけで、人生を破壊してしまいかねない活力の衰退を防ぐことができるのだ。

私はもう何年も前から、学生や企業経営者に再新再生の原則を教えている。この原則は拙著『7つの習慣』の中で「第7の習慣　刃を研ぐ」として紹介しているものである。第一六代米国大統領のエイブラハム・リンカーンは「木を切り倒すのに二時間しかなかったら、最初の一時間は斧《おの》の刃を研ぐことに使う」と語っている。この名言にはいくつかのバージョンがあるが、どれも正しい原則である。ほとんどの人は、この考え方は自明の理だと思うだろう。にもかかわらず、木を切るのに忙しくて（作業、生産活動）、刃を研ぐ（休息、気分転換、勉強、準備、内省、再考、改善、活性化）ことを怠っている人が大勢いる。このような人たちは、新しい高性能の電動ノコギリに投資することもしない。対人関係のスキルの未熟さ、鈍った知性、消耗した肉体、脆《ぜい》弱《じゃく》な精神というような、非効果的な道具を使って生きているようなものだ。

四つの仮定

人間には、肉体、知性、社会・情緒、精神という四つの側面がある。この四つの側面それぞれに仮定を立て、それを念頭に置いて行動すべきである。プライベートでもビジネスでも、四つの側面全部で自分自身を定期的に再新再生していると、個人のレベルでもシナジーが創り出されるのである。

肉体的側面の仮定：自分が心臓発作を起こした（プライベート）、あるいは事業に失敗した（ビジネス）と想像してみてほしい

この仮定に立てば、これから何年も健康に生きていくために、適切な運動と食事を心がけ、注意深く賢明に生活しなければならない。心臓発作を経験した人のほとんどは、ライフスタイルを根本から変えている。

私の友人のジーン・ダルトンは、ハーバード・ビジネス・スクール卒業後、大学教員になったが、心臓発作に襲われて九死に一生を得た。それから彼はライフスタイルをがらりと変えた。まずはストレスの少ない仕事を探し、ブリガム・ヤング大学に移籍して、それから二五年間、リーダーシップ論を精力的に教えた。アトランタの空港で、彼がコンコースを行ったり来たりしているのを見かけたことがある。このような毎日の運動、そして適切な食生活のおかげで、彼の人生は大きく変わった。相当な自制心の要ることだが、やらないという選択肢は状態の悪化を意味するのだから、強い覚悟を持って実行していたのである。

知的側面の仮定：あなたの知識（プライベート）とスキル（ビジネス）が三年後に時代遅れになると想像してみてほしい

この仮定に立つと、体系的な学習や読書に真剣に取り組むようになるだろう。そもそもこの仮定が正しいからだが、自分の狭い関心の中にとどまっていてはいけないという思いは強くなるはずだ。気楽にしていられる安心領域を出て、自分の専門分野だけでなく、あなたの足元で世界を激変させているとてつもない力についても幅広く読書し、深く思考しなければならない。戦略的に思考して自分の職業の基本的なパラダイムや前提を分析できるようになる必要がある。それらはいずれ新しいパラダイムやプロセス、製品に取って代わられ、時代遅れになってしまうからだ。特定のポッドキャストやオーディオブックを聞けばよいと思っている人も多いが、当たり外れがあるし、そもそも外から得るモチベーションだけでは十分とはいえない。自分の専門分野外で、自分のものの見方とは違った角度からの思考を促すような定期刊行物を何冊か読むことを薦めたい。月に四冊くらい読めば、視野が広がっていくはずだ。定評のあるオンラインのサイト、雑誌、書籍などから記事を選んで幅広く読むのもよい。

自分のキャリアを見つめて、先行きにどのようなリスクが待ち構えているか意識してほしい。致命的なアクシデントに見舞われないようにするためにも、今から予防策を講じよう。自分が求める将来に備えておくのである。

社会・情緒的側面の仮定：家庭（プライベート）や職場（ビジネス）で他者に関して話すこと全部が本人に聞かれていると想像してみてほしい

それが批判だった場合、批判の中身そのものは妥当だとしても、本人に聞かれていると思えば、もっと建設的で責任ある言動を心がけるはずだ。だから、この仮定を常に意識して行動すべきである。その場にいる人たちの信頼をつなぎとめておきたいなら、その場にいない人に忠実でなくてはならない。「批判の剣を振りかざして生きている人は、批判の剣を受けて死ぬことになる」という格言を覚えておいてほしい。無責任な批判や陰口は人格をむしばみ、文化を荒廃させていく。

科学者が音を取り戻すテクノロジーを開発しているという記事を『サイエンティフィック・アメリカン』誌（米国の一般読者向け科学雑誌）で読んだことがある。そのとき、「あなたがたが話す無益な言葉は全部、屋根に向かって叫ばれる」という格言に新たな意味を見いだした。隠し事はできないという意味だが、この原則を守って生活し始めると、人間関係にもっと配慮し、責任を負うようになる。プライベートでもビジネスでも、あらゆる人づき合い、物事への対処に健全な影響を与えるだろう。

精神的側面の仮定：あなたが大切に思っていて、向こうもあなたを大切に思っている人と一対一で

話す機会（プライベート）が近々あると想像してみてほしい。あるいは上司またはチームのメンバーと面談する日が近づいている（ビジネス）と想像してみてほしい

このような機会には、あなたが自分自身に対する責任をどのように果たしているかが相手に伝わる。体調をどのように維持しているか、どのような習慣を身につけ、知識やスキルをどのように使いこなせるるか、他者に対して、特にその場にいない人に対して忠実か、精神をどのように磨いているか。職場で上司やチームのメンバーとの面談を持つ場合も同じである。もちろん、あなたもこれまで年次勤務評定の面談のようなものは経験したことがあるだろう。人事関係の三六〇度評価でも、「自分が取り組むべき課題について、具体的に何をしたか?」が重要な問いであり、自分の仕事ぶりをどう自己評価しているかが反映されるのである。

パワフルな利点

これらの四つの仮定はとても有益である。なぜだろうか? これらの仮定に従って行動すれば、最優先事項を優先して実行できるようになるからだ。そして、根本的なパラダイムシフトを経験し、状況を違った角度から見られるようになるからである。パラダイムの変化は、行動や態度を変えるよりもはるかに大きな影響をもたらす。四つの仮定全部に従って行動すれば、四つが密接に関係し合っていることが実感できるだろう。肉体的側面をきちんと管理していれば、気持ちが溌剌《はつらつ》とし、斬新な考えも生まれる。自分の話していることが人に聞かれていると思って行動すれば、人間関係が良くなるだけでなく、精神的にも健全になる。もちろん、個々の仮定にそれぞれ独自の効果もある。

肉体的側面

健康に配慮して生活すれば、寿命が延びるだけでなく、生活の質も上がっていく。前向きな気持ちが長く保たれ、集中的に活動できる時間も延びる。健康的なシニアの多くはあらゆる面で最善を尽くすことができるから、人生の晩年に有意義な遺産を残せるのである。

知的側面

日頃から学び続けることによって、将来の機会に備えることができる。経済情勢が激変しても、知的側面を磨いていれば、自制心を持って行動し時代に適応していくことができる。しかし学ぶことをやめてしまったら、特に自分のキャリアパスに不可欠な分野の学習を怠ったら、みるみるうちに時代に取り残されてしまうのだ。すると被害者意識にとらわれ、自分の不遇を組織のせいにし始める。しかし現実は、スキルが時代遅れになったから、自分の仕事の価値を高められなかっただけなのである。

社会・情緒的側面

プライベートでもビジネスでも他者への共感力が増し、人間関係で多くのシナジーを創り出せるようになる。他者の立場や評判に配慮できるから、相手の視点から物事を見て、まずは相手を理解することに徹するようになる。それだけでなく、自分の考えを述べ、相手から理解してもらうために必要な勇気と信念も持てるようになる。こうしてお互いの理解が深まり、価値のある目的やプロジェクトを達成できるのである。

精神的側面

内面が平穏になり、自分の能力に対する自信が深まる。人生はいつ終わってもおかしくないのだと思い、明日死ぬかのように生きることが、選択の瞬間に正しいことをする力を与える。意識的に正しい選択をすると、内面が安定し、自分の能力に対する自信も深まる。再新再生を日頃から怠らずにいれば、人生の目的を最大限に追求する気力を維持できるのである。

応用とアドバイス

❖ あなたは以下の脚本にどのような対応をするだろうか？　日記に書き留めよう。

・心臓発作を起こし、九死に一生を得たとする。これから自分の生活をどのように変えるか？

・あなたが今持っている知識が三年後には時代遅れになるとする。時代に取り残されないためにはどうすればよいだろう？

・近々、上司と面談があるとする。「自分が取り組むべき課題について、具体的に何をしたか？」と聞かれたら、どう答えるか。

❖ 刃を研ぐ方法を考えてみる（例：休息、気分転換、勉強、準備、反省、再考、改善、活性化）。その方法を毎日／毎週の優先事項に組み込むにはどうするか？　週間計画を立てるとき、四つの側面

（肉体、知性、社会・情緒、精神）で刃を研ぐ活動を最初に組み込んでから、ほかの予定を入れていくようにする。

第一七章　教えるてこ

船をつくりたいのなら、男たちに木材を集めさせたり、仕事を割り振って命令したりする必要はない。無限に広がる海への憧れを語って聞かせればいい。

アントワーヌ・サンテグジュペリ

ここまで第一の偉大さを達成するためのてこをいくつも学んできたが、それらを身につける一番の方法は何だろうか？ 答えは簡単だ。学んだことを人に教えればいいのである。教えることによって、これらのてこに対する理解が深まる。教えられた人たちは、あなたをこれらのてこ（原則）の手本とみなすようになるだろう。あなたは第一の偉大さの権威になるのである。

このエピソードのはじまりは一九七五年、私はサンホセ州立大学から客員教授としてきていたウォルター・A・ゴング博士の講義をとっていた。テーマは教授法の向上である。博士が授業で伝えようとしていたことは、一言でいえば「何かを習得する一番の方法は、それを教えること」である。私はゴング博士がこの原則を家で毎日実践していると知り、深く感動した。夕食のテーブルで、息子のゲリット、ブライアン、娘のマルゲリーテに、その日学校で学んだことを自分に教えさせていたからである。かくして三人の子どもたちはローズ奨学生となり、オックスフォード大学、スタンフォード大学、フレッチャー法律外交大学院で博士号を取得した。

現在、ほとんどの人はこの原則が正しいことを知っているだろう。自明の理であって、異論を挟む余地はない。にもかかわらず企業ではほとんど実践されていないし、教育現場ですらそうである。しかし私自身、これまで能力開発の分野に携わってきて、自分が学んだことを人に教えるという原則がいかに重要であるかを実感している。

ゴング博士が提唱するプロセスでは、学習者は三つのことを行う。（1）必須の情報を把握し理解する、（2）その知識を自分の生活の中で、自分の目的や価値観の実現のために応用する、（3）他者の成長にも役立つように教える。

学んだことを人に教える習慣が身につくと、自分自身が目覚ましく成長する。学習者と同時に教師という自覚ができ、あらゆる場面

で自分にも他者にも責任を果たせるようになるのだ。

私がこのシンプルなてこを押し始めたのは一九七〇年代半ばだったが、それ以来、私自身の学習は劇的に加速し、教員としての能力も向上した。より多くの学生の関心を引き、さらに大学の枠を超えて幅広いオーディエンスに到達し、インパクトを与えられるようになったのである。

大学で教え始めたとき、私のクラスは二〇人から二五人ほどだったが、徐々に増えていき、一学期当たり五〇〇人から一〇〇〇人もの学生が受講するまでになった。私の教員／学生比率は実に一対一〇〇〇となったのである。その後、学ぶために教えるという原則を実践する決意をし、当初の少人数クラスに戻した。するとどうだろう、学生の成績はみるみる上がっていった。ほとんどの学生にとって、一〇〇〇人のクラスよりも二〇人のクラスのほうが効果的だったのだ。学生同士で教え合う機会が持てたからである。

私の会社では、この原則をワークショップでも使っている。学んだことを参加者同士で教え合う時間をとっているのである。短い時間の演習だが、これがあるから学ぶときも真剣になり、実生活で応用するときにも効果が何倍にもなる。大事なことなので繰り返すが、後で人に教えなければならないとわかっていれば、誰しも真剣に学ぼうとするものなのである。

誰もが知識とスキルを磨いていかなければならない。誰もが再び学習者となる。グローバル経済の要求に応えるために、訓練と教育に改めて取り組み、マインドセットとスキルセットを向上させなくてはならない。

要点をつかむ

ほとんどの人は、学んだことの基本的な内容をとらえ、それを述べる能力の訓練はしていないと思う。ゴング博士はそのための方法として、次の五つのステップに従ってノートをとるよう勧めていた。

目的：教師やプレゼンターがどのような目的を持っているのか見きわめる。体系だった説明ができていなくとも、あるいはプレゼンテーションのスキルが低くとも、「プレゼンターの目的は何か？」と考え、聞いたことを頭の中で整理しながらノートをとる。

要点：重要なポイント、メッセージは何か？

検証：どのような証拠あるいは具体例が挙げられていたか？ 教師は自分が挙げたポイントをどのように検証していたか？

応用：実生活にどのように応用できるか？

価値：教師はこの授業にどのくらいの価値を置いていたか？

教えることの四つのメリット

人に教えることによって身につくという原則には四つの大きなメリットがある。

一．理解が深まる

学んだことを人に教えると理解が深まる。その最大の理由はパラダイムシフトにある。後で教えるのだと思えば、真剣に学ぼうとする。教える責任があるのだとわかっていれば、学ぶことへのモチベーションはいやも応もなく高まる。自分は学習者であり、それと同時に教師であり、他者を導く責任があるのだという自覚ができると、学習者としても格段に成長するのである。

二．実生活で実践できるようになる

人にものを教えるというのは、社会的な表明をしていることでもある。他者に対して責任を負っているという表明だ。教えられた人たちは、あなたがそれを守って行動するものだと期待する。他者に教えることで、人がお互いに支え合うシステムができる。それはあなたが社会から期待されることであり、暗黙の社会的契約でもある。自分が教えたことを実行していれば、人間関係におけるあなたの信頼度は格段に上がり、教えることにますます前向きになり、モチベーションが高まっていく。

三．人間関係の絆が強くなる

素晴らしい教師に出会い影響を受けた生徒は、その教師に親近感を持つものである。深く感謝し、尊敬の念を抱く。教師のほうも、生徒が真剣に学んでくれるとうれしい。教え、教わる行為には、人間関係の絆を深める力があるのだ。

四．自分自身の変化と成長のプロセスがスムーズに進む

人に教えるとき、あなたは新しい角度から自分を眺める。そしてあなたから教わる人も、あなたの別の側面を見る。こうしてあなたの変化が正当なものになる。自分の新たな側面が見えてくると、成長が加速していく。最近学んだこと、経験したことをあなたが私に教えてくれたら、私はあなたに心を開き、教えてもらったことを感謝するだろう。さらに、私が学んだことがあなたのためになりそうだったら、あなたに教えてあげようと思うだろう。こうしてあなたも私も変化し、成長していくのである。

当然ながら、人に教えるにはタイミングが大切である。教えるタイミングと教えるべきではないタイミングを知っておいてほしい。

教えるのに適したタイミングは次のとおりだ。

一．相手があなたに脅威を感じていないとき。あなたに脅威を感じているときに教えようとすると、疎まれるだけである。相手の気持ちが落ち着いていて、前向きに耳を傾けてくれそう

なタイミングを待つ。

二．あなたの気持ちが落ち着いていて、腹を立てたりストレスがたまっていたりしないとき。相手を尊重し、思いやれるとき。

三．相手が手助けを必要としているとき（落ち込んでいる人や強いプレッシャーを感じている人に成功の公式を教えようとするのは、溺れている人に泳ぎを教えようとするのと同じ）。

私たちの人格、人となりは絶えず周囲に放たれている。その意味では、常に何かを人に教えているのである。

能力を発揮する新たな次元

学んだことを人に教えるプロセスは、お互いがそれまで相手に持っていたイメージを一新させる。その新しいイメージが定着すると、能力が新たな次元で発揮されるようになる。

自分が任された役割を果たすために他者に協力を求め、お互いに助け合う従業員が増えると、ポジティブな組織文化ができていく。学習する組織とはとりも直さず、それぞれのミッション、役割、目標を協力しながら果たす個人の集団なのである。

学んだことを人に教えるといっても、そんなことを今ごろ知ったのかと思われないかと危惧したり、教えた経験がなく、うまく教えられるかと不安になったりして、何も自分が教える必要はないだろうと決め込んでしまう人もいるだろう。ひととおりのスキルは身につけた有能な経営者でも、教えるスキルは未知の領域である場合が多く、未熟な部分をさらしたくない気持ちもあるだろう。

しかし、学んだことを教えるのは、他者に対する影響力を広げる最善の方法の一つなのだ。教えるのは主体的な行動である。何かに動かされるのではなく、自分から主体的に動くことが人間の基本的な性質であると私は信じている。主体的に行動することによって、そのときどきの状況に対する反応を選択できるだけでなく、自分自身が変化する力も得られるのである。自分を取り巻く状況を創造することさえできる。学習者として他者からの影響をオープンに受け入れることができると、教師として他者に及ぼす影響が増していく。生徒やセミナーの参加者とやりとりしながら、彼らの意見からも学ぶことができれば、彼らに影響を及ぼせるようになるのである。

いくら能力開発プログラムに参加しても、価値のあることを身につけなければ、かけたお金はほとんど無駄になる。セミナーで学んだことが一夜にしてどこかへ行ってしまうのは、プログラムの内容を人に教えることをしないからである。能力開発プログラムで知識やスキルが身につくとは期待していない人もいるだろう。しかしそれは、学んできたことを誰かに教える必要はないと思い込んでいるせいでもあるのだ。

あなたに約束しよう。学んだことを人に教える、このシンプルな原則を実践すれば、大きな配当が自分に返ってくるのである。

応用とアドバイス

❖ 家庭や職場で、教える機会をとらえて実行してみよう。本書で紹介した原則を一つ選び、次の一週間以内に誰かに教える計画を立てる。実行してみてどうだったか？　その原則に関するあなたの理解はどのように変化しただろうか？

❖ 学んだことを教える機会を増やすにはどうしたらいいだろうか？　この本で紹介した原則を周りの人たちに教えたら、どのような結果が得られるだろう？　これらの原則に従って生きるというあなた自身の決意に、どんな影響があるだろうか？

第一八章　最後の言葉：賢明に生きる

人間の英知を信用しすぎるのは賢明ではない。強者も弱くなるかもしれないし、賢者も間違うかもしれないと心に留めておくことが健全である。

ガンジー

昨今、情報や知識の氾濫《はんらん》に関する話題はよく聞くけれども、良識の大切さを説く話はあまり耳にしない。第二の偉大さの目標が自己宣伝であるなら、第一の偉大さの目標は良識である。人はいついかなるときでも良識を持って賢明に行動できるわけではない。周囲を見渡せば、自分のためにならない生き方をしている人が大勢いることがわかるだろう。このように判断や良識を歪めてしまう原因は何だろうか？　その歪みを正すにはどうしたらいいのだろうか？　この章では、良識を歪める六つの原因を取り上げ、それを正す方法を考えてみたい。

原因一：プライドが反省を阻む　正す鍵：真北の原則に従う謙虚さ

高い教育を受け、十分な情報を得ている人は、自分は賢明な人間だと思う傾向があることは、人間の歴史を調べてみれば明らかである。このような人たちは往々にして、自分よりも賢い人、自分よりも経験を積んでいる人のアドバイスを拒絶する。それは自分の内面で真北を意識していないからだろう。真北からそれていたら、アンバランス、歪み、混乱、無秩序を招くのは避けられない。自分自身を最高の基準としていればなおさら、真北からそれていることに気づいたときには手遅れになっているのだ。

自分の判断ではなく、それよりも高次にある原則に従っていれば、謙虚さ、幸福感、学ぶことへの前向きな気持ちが生まれ、さまざまな情報源から客観的なデータを積極的に探す態度が身についていく。

私自身、長年「7つの習慣」を教えてきて気づいたことの一つは、本を読んだだけではこれらの習慣は身につかないということだ。意識的な努力を何年間か続けてようやく身につき、無意識に実行できるようになるのである。めまいとは、方向感覚を失い混乱している状態である。五感が正常に働かなくなり、姿勢や移動の感覚など基本的な運動感覚が混乱して、方角を認識できなくなるのだ。あなたがこのめまいの状態に陥っていたら、いくら世界中の情報やデータを集めても、正しい解釈ができないから、まるで役には立たない。それどころか不要な情報ばかりを背負い込むことになる。あなたの方向感覚が自分中心で、真北ではなく自分に合わせていたら、めまいの状態にあると思ったほうがいい。客観的な現実に戻してくれる確かな基準を持たない限り、現実から離れていくだけである。現実に引き戻してくれるのは、原則に基づいた生き方しかない。

原因二：情報だけに頼る愚かさ　正す鍵：情報を良識ある正しい行動に転換する

産業時代から情報時代へと変遷するプロセスは多くの文献にまとめられている。私なりの見方では、情報時代は四つの部分で成り立っていると思う。一つ目は、生の情報である。現代の情報のコストは、コンピューターというテクノロジーが導入された一九四六年のコストと比べると天文学的といえるほど安くなっている。今では誰でも同じ情報にアクセスでき、しかもその量たるや膨大だ。二つ目は知識である。入手した情報を概念的なパラダイムを軸にして組織化してはじめて、知識になる。三つ目は体系的な思考、すなわち情報を大局的な視点から一貫性を持って組織立てて思考する力である。そして四つ目は良識である。良識があってこそ、目的意識と原則に従って知識を獲得することができるのだ。

いかなる組織においても、すべての決定と行動に良識が表れていなくてはならない。今の時代、誰しも明確なビジョンとミッションを持つ企業とリーダーの下で働きたいと思っている。従業員の役割と目標が明確になっていれば、一人ひとりの努力が意味と価値を帯び、正しい方向へ進んでいくのである。

原因三：倫理観の失墜による混乱　正す鍵：倫理観の復活による明快さ

私は仕事で世界中を旅しているが、倫理の乱れを至るところで目にする。多くの人が倫理観を失い、まさに倫理的なめまいに陥っている時代なのだ。個人に限らず組織でも、真北に向かっていると思いながら、実際には真南に進んでいる例は枚挙にいとまがない。

とはいえ、原則への回帰というかたちで倫理観が復活する兆しもある。人々は自分自身を見つめ、「私の人生は何なのか、何を目的として生きているのか？ 私の真の価値は何か？」と自問している。この自問に答えると、人はたいてい、世界を支配する自然の法則、原則に根ざして生きようとするものである。

原因四：業績に関する経営層と従業員の評価の開き　正す鍵：客観的な市場価値

従業員や製品の価値について感情に引きずられた主観的な評価をすると、ほとんどの場合は客観的な市場の評価からかい離する。経営者がぶつかる難しい問題の一つは、従業員が組織にとっての自分の価値や貢献について現実とはかけ離れた見方をしがちなことだろう。組織内のあらゆる立場の人間が自己を正当化し、しかもたいていはその正当化を無邪気に信じている。このかい離を解決する最善の方法は、こうした個人の集まりに市場という民主主義を持ち込み、それを判断基準にすることである。経営者は「君は自分の価値をこのように判断しているけれども、市場はこのように判断している」という問いかけができるのだ。これはなにも金銭的価値のことを言っているのではなく、従業員の総合的な貢献の価値のことである。市場が指し示すのは、あなたが職場で接するすべての人々が生み出す価値であり、これらの人々があなたの組織の市場を構成しているのである。

市場からの客観的なフィードバックを受けると、誰しも謙虚にならざるをえない。私たちは毎日のようにこの経験をしている。「7つの習慣 ベンチマーク」にはこれまで約二五万人が参加しているが、これは彼らにとって、自分を真剣に見つめ、謙虚になる経験なのである。しかしそれと同時に、自己評価のスコアが市場のスコアよりも低い場合がほとんどだから、自分を肯定し、自信を深める経験にもなる。評価レポートは、盲点をさらして突きつけるだけでなく、良いニュースも教えてくれるのである。

原因五：閉鎖的なシステムがもたらす無知と無気力　正す鍵：信頼関係のレベルに応じて可能な限りオープンなシステムを築く

情報共有とオープンなシステムを求めるのは正当なことだとしても、その要求はほとんどの場合、全員がすべてのデータにアクセスできるべきだという思い込みにつながる。オープンさとアクセスの程度は、組織内の信頼のレベルに応じて決まるものだと思う。信頼のレベルが高いほど、オープンの度合いも高くできる。しかし信頼のレベルが低いのに、性急にオープンな環境をつくろうとすれば、従業員は戸惑うだけである。あなたの目的を誤解し、よからぬ意図が隠されているのだと疑うだろう。

原因六：品質や競争力を現地の基準だけで評価する近視眼的態度　正す鍵：グローバルな競争基準を採用する

ビジネスは突き詰めれば実用主義、結果がすべてである。今の時代、市場に参入するだけでも四つの実際的な基準を満たさなくてはならない。一つ目は品質、二つ目は低コストだが、コストも品質も低い生産者は掃いて捨てるほどある。三つ目はスピード、そして四つ目はイノベーションである。これら四つの基準を満たすには、従業員が前向きに、かつ創造的に協力してシナジーを起こさなくてはならない。このような協力には、一人ひとりの信頼性から生まれる信頼関係が必要であることは言うまでもない。

良識を獲得するまでの道は、業績に関する客観的なフィードバックを受けることによって広がる。「7つの習慣」の原則は自明の理であるから、抵抗する人はまずいないはずだ。重要なのは、これらの原則が個人と組織に実質的な影響を与えているかどうかを知ることである。どうなれば成功していることになるのか、どのようなフィードバックを受けているのかを明確にする必要がある。

強みをさらに伸ばし、弱みを改善する、これが成長の道筋である。この道筋を見つけるには、信頼できるフィードバックが必要になる。ネガティブなフィードバックをもらってうなだれるようではいけない。成長の道筋に踏み出し、時間をかけて一歩ずつ進んでいけば、自分の盲点が見えてきて、改善できるようになるのである。

良識の四つの定義

次の四つの定義を読み、良識に関する考えを深めてほしい。

一．前向きで持続的な変化は自分の内面から始まるのだと知ること

チームや家庭に変化をもたらしたいなら、個人のレベルから始めなくてはならない。個人の変化や成長がなければ、組織が変化し発展するわけがない。組織だけが変化するというような考えは馬鹿げている。市場が企業に求めるのは透明性、正直、信頼性であり、どれも第一の偉大さの原則である。

組織の発展と変化を実現するためには、個人の成長、変化、発展が不可欠である。それにもかかわらず、この基本的な事実はほとんど無視されているようだ。あまりに多くの人が、変化は外からやってくると思っている。生産的な変化を遂げるにはインサイド・アウト（内から外へ）のアプローチが必要なのであって、アウトサイド・イン（外から内へ）のアプローチでは無理なのである。

二．人格と能力の二つが必要

学習し、能力を伸ばすというような話をすると、一般的には専門能力や思考能力のことを思い浮かべて、社会的な能力や人格の観点からは考えないものである。しかし突き詰めれば、意味のある変化を遂げ、それを長続きさせたいなら、あるいは人生をもっと充実させたいなら、相互依存、共感、シナジーを起こす力、誠実さ、精神的成熟、豊かさマインドを育てなくてはならない。要する

に人格の問題なのである。あなたの人格は絶えず周囲に放たれ、あなたがどのような人間であるかを伝えている。ほとんど言葉を使わないこのコミュニケーションを通して、あなたが信頼できる人かどうかを判断しているのである。

個人の信頼性がその人の人格と能力で決まるのと同じように、組織の信頼性も、従業員一人ひとりの人格、能力と直接的に結びついている。一人ひとりの判断、決断、行動に表れる良識の度合いで決まるのである。

人格をつくっている特徴には三つある。一つ目は、約束したらそれを守る誠実さ。二つ目は勇気と思いやりのバランス。そして三つ目は、全員に行きわたってもなお余りあると考える豊かさマインドだ。変化を遂げるには、専門能力、思考能力、社会的能力のほかに、この三つの人格的特徴が不可欠なのである。

あまりに多くの人が、変化は外からやってくると思っている。生産的な変化を遂げるにはインサイド・アウト（内から外へ）のアプローチが必要なのであって、アウトサイド・イン（外から内へ）のアプローチでは無理なのである。

幸いなことに、人格も能力も高めることができる。人格と能力が相互に作用すると、それぞれを構成する特徴が大きく変化していく。人を裁いてレッテルを貼る必要はなくなり、人格も能力も変えられない人なのだと他者を決めつけることもなくなる。専門能力や思考能力にとどまらず能力全体を開発していくことができる。人、プロセス、テクノロジー、市場の新しいルールと現実を体系的に、相互関係を含めて考える能力を培えるのである。

偉大な作家にして教育者のマリアン・ウィリアムソンの言葉を紹介しよう。

「私たちがもっとも恐れるのは、自分が無力なのだと思い知らされることではない。自分の中に計り知れない力があることに恐れるのである。自分の暗闇におびえるのではない。自分の光におびえるのである。私たちはいつも『才能豊かで光輝く素晴らしい人間になれるだろうか？』と自らに問いかけている。しかし本当は『そうなれない理由はあるだろうか？』と問わなくてはならない。あなたは神の子なのだ。無難で満足していたら、この世に奉仕していることにはならない。周りの人たちが不安に感じないように自分を出さずに縮こまっているのは、決して賢明なことではない。私たちは皆、子どものように光輝かなくてはならない。私たちは自分の内面にある神の栄光を体現するために生まれてきた。それは特別な誰かだけではない。すべての人がそうなのだ。あなたが自分の光を放てば、ほかの人にも光り輝く自由を与えることになる。自分の恐れから解放されれば、私

たちの存在そのものがほかの人たちを解き放つだろう」※12

あなたにも思い当たるところはないだろうか。他者との比較を恐れるあまり、計り知れない資質と能力を自分の中に閉じ込めてしまってはいけない。

三．人格と能力が重なったときに表れる

良識のある人は、正しい判断力を持っている。彼らの知識には不変の原則が浸透している。良識的で賢明な判断力は、人格と能力が一体となって生まれるものであり、充実した人生を送るためには不可欠である。

それはなぜか？　ビジネスの考え方には流行り廃りがあるからだ。総合的品質管理、次はリエンジニアリング、そして破壊的イノベーション、次に何がくるのかは神のみぞ知る。もちろん、どの考え方にも価値はある。しかし真の良識は、これらの流行に左右されはしない。すべてを凌駕《りょうが》するものは、すべてのものの下にある、というのが私の考えである。一番重要なことは根本的なことであり、表からは見えないのである。何かの問題に対する純粋に技術的な解決策、あるいは理屈だけで通る解決策が必要なこともあるだろう。しかしどんな場合でもそれだけで

は足りない。たいていは人格の側面が欠けている。人格ができていなければ、能力があっても良識は持てない。良識がなければ、堅固な会社やチームを築いて維持することはできない。結婚生活や家庭も同じである。もちろん、何かを築くことはできるだろう。しかし長くは持たない。統計によれば、新しいビジネスの約八〇％は一年以内に挫折し、一〇年続くのは一二のうち一つだけである。

現代社会の間違った二者択一と正しいジレンマに賢明に対処するためには、これまでとは異なる良識が求められる。人格が土台にあり、能力によって裏打ちされた良識を持たなければ、予測のつかない市場の変動、多様化する意見、厳しい交換条件、複雑な人間関係にうまく対処しようとしても到底無理なのだ。

良識がこれほど必要とされる時代はいまだかつてなかったと思う。しかも、知識が爆発的に増大している情報時代の真っただ中に起きている。とはいえそれは逆説的でもなんでもなく、真理なのである。良識を置き去りにしてテクノロジーが進歩していけば、状況が悪化の一途をたどるのは当然のことだ。そこで働くもっとも効果的なてこは、良識の中にある。賢明な人であれば、受動的に得た知識を世界のために役立てられるのである。

四．良識は知識と情報を超越する

私たちは情報時代に生きている。情報は誰でも簡単に手に入れられる。情報が商品化され低コストで売られる知識経済においては、重要なのはライバル企業や顧客、製品、プロセスに関する知識だけではない。それらの知識を超えたところにある良識が不可欠なのである。偉大な哲学者のアルフレッド・ノース・ホワイトヘッドは次のように語っている。「ある意味では、知恵が増せば知識は縮んでいく。細々とした知識は原則にのみ込まれるからだ。細々とした知識でも大切なものは、生活を営む中で自然と身につく。しかし深く理解した原則を積極的に活用する習慣は、最終的には知恵として身につくのである」

突き詰めれば、正しい原則に沿って判断を下せるようになってはじめて、人格が磨かれていく。判断は単なる知的な行為ではない。何よりもまず、知性、意志、精神を不変の原則が指し示す方向に合わせる行為なのである。そしてその努力が、個人の誠実さを育てていくのである。

専門能力や思考能力が高ければ、大局的に物事を理解し、個々の部分がどのように関係し合っているのかが見える。しかし人格をなす特徴の何かを欠いていたら、他者と生産的に協力することはできない。人格と能力の両方を備え、賢明な判断力でそれらを生かしてはじめて、人間関係を築き、高い信頼で結びつく組織文化を育て、市場の日々の変化にいちいち惑わされない堅固な組織を確立することができるのである。

最後の言葉

私はよく、第一の偉大さを大切にしなければならないのはなぜかと聞かれる。あるいは偉大さとは何か、とも。自分はすでに素晴らしい偉大な人生を送っているのだから、今さら変える理由が見当たらないと思う人もいるだろう。それについて特に反論はしない。

しかし私たちの内面には、今の自分よりももっと良くなりなさい、もっと偉大になりなさいと呼びかける声がある。その声に耳を傾けなければ、いつでも第二の偉大さに滑り落ちてしまいかねない。自分を取り巻く社会のレンズを通してしか世界を眺められず、悪くすれば、私たちを抑えつける力にがんじがらめにされ、敵味方思考に陥ってしまうだろう。

それとは対照的に、第一の偉大さに満ちた人生が目指すのは、原則、継続的な成長、統合的全体性を包括するもの、つまり良識である。良識は、私たちの内面には平穏を、世界には繁栄をもたらす。良識が安定をもたらすのは、一人ひとりが決して揺らぐことのない原則を中心にした生き方ができるからなのだ。

応用とアドバイス

❖ 自己中心で、自分を基準にして物事を考えている人は、めまいの状態に陥ってしまう。あなたがこれに当てはまるなら、それを乗り越えるにはどうしたらいいだろう？

❖ 次の質問への答えを日記に書き留めよう。

・各章の最後にある応用とアドバイスの質問に答えてみて、自然の法則、第一の偉大さの原則を深く理解できた実感はあるか？
・私の人生は何なのか？　何のために生きているのか？
・今一番重要なことは何か？
・私の本当の価値は何か？
・第一の偉大さに至る道のりをどのように歩んでいくか？
・これらの究極の問いかけに対して、これまでよりもはっきりと答えが見えてきたか？

スティーブン・R・コヴィー　ファイナル・インタビュー

『7つの習慣』が発刊されて以来、スティーブン・R・コヴィー博士の影響の輪は、全世界を包み込むまでに大きくなりました。コヴィー博士は、国王や大統領のコンサルタントを務め、ありとあらゆるチャネルを通して、効果性の高い生き方の原則を何百万人もの人々に教えました。二〇一二年に亡くなりましたが、生前、世界でもっとも影響力のある人物の一人に選ばれ、著書の『7つの習慣』は二〇世紀でもっとも優れた自己啓発書に選ばれています。

コヴィー博士は、「7つの習慣」を教えることに生涯を捧げました。そして激動の時代の要請が博士の見識をいっそう深めました。本書ではその一部を紹介しています。

以下は、博士が亡くなるしばらく前のインタビューや講演会などでの言葉をまとめたものです。博士が最晩年に考えていたことを可能な限り博士自身の言葉でまとめ、最後のインタビューの形式に編集しました。『7つの習慣 人格主義への回復』二五周年記念版にも収録されています。

『7つの習慣』の初版以降、何が変わりましたか。

変化それ自体が変わった。変化は、私たちの想像を超える勢いで加速している。技術革新は一時間ごとに起こっているかのようだ。経済の先行きは不透明で、世界の力関係は一夜にして劇的に変化している。そして、世界の大部分が恐怖におののいている。心理学的な意味でも、その言葉どおりの意味でも。

また、私たち一人ひとりの生活も劇的に変化している。生活のペースは今や光の速さだ。私たちは二四時間三六五日、仕事に縛られている。昔は少ない労力でより多くのことをしようと努力していたが、現在では、私たちの多くが自力ですべてのことを一度にしようとしている。

しかし、一つだけ変わっていないこと、これからも決して変わらないこと、信頼できることがある。それは、時代を超えた不変の原則が存在するという事実だ。これらの原則は決して変わらない。いつでも、世界中どこでも通用する。建物から落ちたらどうなるか、その結果は重力という自然の法則に影響を受ける。それと同じように、公正、正直、尊敬、洞察、責任、率先力といった原則は私たちの人生を支配し、影響を与えている。建物の端を踏み越えたら、落ちる。それが自然の法則だ。だからこそ、私は根本的に楽観主義者なのだ。

私が楽観主義者なのは、変わらない原則を信じているからだ。原則に従って生きれば、原則が私たちの役に立つことを知っているからだ。

私たちは、建物から落下する岩とは違い、飛び下りるかどうか自分で選ぶことができる。私たち人間は、人以外の力に無自覚に振り回される存在ではない。私たち人間は、良心、想像力、自覚、意志を生まれながらに持っている。これらは、動物には与えられていない素晴らしい天賦の能力だ。私たちは善悪を判断できる。自分と他者を区別し、自分の行動を評価できる。過去の記憶にとらわれず、想像力を働かせ、望む未来を生きることができる。

これらの生まれ持った能力を使えば使うほど、選択の自由は広がる。原則を自分のプラスになるように使うのも、マイナスになるように使うのも、私たち自身の選択だ。私はこの選択能力をフルに活用している。変化を受け入れて生きるには、変わらない原則が必要となる。しかし、問題が一つある。非常に多くの人たちが人生の原則を回避し、近道をしようとしていることだ。しかもそのような人たちの数は増えているように思われる。愛を求めていながら、献身はしない。対価を支払わずに成功したいと思う。痩せたいと望みながら、ケーキも食べたい。つまり私たちは、優れた人格を築かず、優れた人格が得られるものを得ようとしている。これは絶対にありえない。

私が『7つの習慣』を書いた理由はそこにある。私たちの文化は、これらの原則から切り離され、漂っている。私は、原則を無視した結果は人生の破滅しかないことを指摘したい。しかし同様に、原則に従って生きることで、長い目で見ればプライベートでもビジネスでも成功することができる。

『7つの習慣』は今でも意義がありますか。

『7つの習慣』の意義はますます高まっている。

私ほど『7つの習慣』の影響力に驚き、謙虚な気持ちになり、感動した人はほかにはいないだろう。私はいつも、この本が多くの国の多くの人々に及ぼす影響に驚嘆している。私の多くの同僚や友人たちが、これらの習慣を実践し、教えるという課題に取り組んでいることに感謝している。

もちろん、私も皆さんと同じように、「7つの習慣」の実践に奮闘する毎日だ。「7つの習慣」を実践することは簡単ではなく挑戦だ。毎朝起きるたびに、人生における自分のミッションや重要な目標について考え、もっとも有意義なものに向かって一歩ずつ進んでいく意欲を与えてくれる。中でも、第5の習慣「まず理解に徹し、そして理解される」を実践するのは難しい。私は、忍耐強い、良い聞き手になろうと努力し、少しは進歩していると思う。

確かなのは、「7つの習慣」を実践することは、生涯にわたる刺激的なチャレンジであるということだ。だから、人から本を読んだと言われると心配になる。本に書いたことと違う何かをその人が私に感じるのではないかと不安になるのだ。また、本を読めば一晩で効果が現れると誤解されやしないかとも不安になる。「7つの習慣」の実践に終わりはないのだというメッセージを真剣に受け止めてほしいと思う。

世界中の多くの人たちが「7つの習慣」のセミナーを受け、何千人もの人たちが組織内で「7つの習慣」を教える資格を取得していることをうれしく思う。一四〇カ国以上の人々が、インターネットや教室での「7つの習慣」セミナーに参加している。さらに素晴らしいのは、学校に通う何万人もの子どもたちが「7つの習慣」を学習していることだ。企業、政府機関、大学、学校が「7つの習慣」を組織全体の理念として導入し、素晴らしい成功を収めている。

「7つの習慣」が多くの人々の人生に影響を及ぼし続けているのはなぜだろうか。人々が自分の理想像を見つけ、それに従って生きる手助けをするからだと思う。人々は、特に若者たちは「7つの習慣」に盛り込まれている原則の力を本能的に感じとっている。そして人生を近道するのではなく掘り下げたいと思っている。忙しすぎる世界の中で自分を見失った人々は、再び自らの運命を自分で切り開きたいと思っているのだ。

「7つの習慣」は人々に人生を取り戻させる。人々は選択する力を取り戻し、もっとも深い、もっとも大切な目的を探求し、発見する。自分自身の未来を創造し、切り開くための道具を手に入れるからだ。

昨今は、個人情報を盗むなりすまし犯罪についていろいろ耳にするが、最大のなりすまし犯罪は、財布を取られたり、クレジットカードを盗まれたりすることではない。自分が本当は何者であるかを忘れ、私たち一人ひとりに計り知れない価値と可能性があることに気づかず、他人と比較して自分の価値とアイデンティティを決めてしまうことだ。真の成功に必要な対価を払わずに、楽をしようとする文化にどっぷりとつかっていると、自己を喪失してしまう。家庭でも、友達との関係でも、職場でも、私たちは絶えず見かけのセルフイメージを保とうとする。鏡を見つけた瞬間から、人は魂を失い始めた。真の自分ではなく、自分のイメージにとらわれるようになり、社会的な鏡に映る自分を自分だと思うようになった。アイデンティティと価値観の中心が自分の外に移動してしまったのだ。

「7つの習慣」は、あなたをあなた自身に戻す。「7つの習慣」は、あなたにあなたの本質を思い出させる。

あなたの人生を支配するのはあなた自身であることを思い出させる。あなたの選択に責任を持つのは、ほかの誰でもない、あなた自身だ。あなた以外の誰も、あなたが自分自身のために選ばないことを考えさせたり、行わせたり、感じさせたりすることはできない。「7つの習慣」は、あなたはプログラマーであり、自分の将来のプログラムを自分で書けることを思い出させてくれる。人生はチームスポーツであり、互いに協力する相互依存は、自立よりも上の状態であることを私たちに教えてくれる。

変わることは楽ではありません。どうすれば変わることができますか。

人生で変化を遂げるためには、二つのことを実践するとよい。一つは、自分の良心に従うことだ。私はよく、刺激（私たちに対して起こること）と反応（刺激に対して私たちがすること）の間には選択するスペースがあり、そのスペースで何をするかが、最終的には私たちの成長と幸せを決めるのだという考え方について話す。このスペースには、人である私たちが生まれながらに持っている良心、想像、自覚、意志がある。四つのうちの良心が残り三つを支配している。

多くの場合、人生が平穏ではないのは良心に従わずに生きているからであり、誰でも心の奥底ではそれを自覚している。私たちは、自分自身に問いかけ、その答えに「耳を傾ける」だけで、良心を働かせることができる。たとえば、プライベートで何を始めれば、人生にもっとも大きな影響をもたらすことができるか、自分に問いかけてみてほしい。よく考えてほしい。思いついただろうか。では次に、何をすれば仕事にもっとも大きな影響をもたらすことができるか、自問してみよう。先ほどと同じように、じっくりと考え、心の奥底で答えを見つけよう。あなたが私と同じような人であれば、あなたの内面にある知恵、自覚、常識の声であるあなたの良心に耳を傾けることで、これらのもっとも重要なことに気づくはずだ。

「人生があなたに求めているものは何か」という問いは重要だ。じっくりと、慎重に考えてみよう。今まで目的もなく過ごしてきた、これからは時間の使い方にもっともっと気を配る必要があるな、そう思ったかもしれない。あるいは、いつも疲れているから、食生活を改善し、運動を始める必要があると考えるかもしれない。修復すべき重要な人間関係があることに気づくかもしれない。

答えが何であれ、自分の良心に従えば、力強く変わっていくことができる。目標に向かって努力するプロセスで壁にぶつかったとき、信念がなければ乗り越えることはできない。そして信念というのは良心から生まれるのだ。

私たち人間には、公的生活、私的生活、内的生活（秘密の生活）の三つの異なる生活がある。公的生活は、ほかの人たちの目に見える生活。私的生活は、一人のときの生活。そして内的生活は、自分の真意、内なる願いを心の底から知りたいと思ったときに行く秘密の場所だ。私は、この内的生活を発展させることを強く勧める。私たちの内面は、良心に耳を傾けるのにもっともふさわしい心構えができ、良心の声に従うことができる場所なのだ。

変わるためにもう一つ重要なことは、役割を変えることだ。いつも言っていることだが、人生を少し変えたいくらいなら、行動を変えれば十分かもしれない。しかし、大きな変化を望むのであれば、世界の見方、解釈の仕方であるパラダイムに取り組む必要がある。そして、パラダイムを変える最善の方法が、役割を変えることだ。仕事で新規プロジェクトのマネージャーに昇進するかもしれない。お母さん、おじいさんになるかもしれない。社会で新たな責任を担うことになるかもしれない。役割が突然に変わると、世界の見方も変わり、見方が変われば、行動もおのずと良くなるものだ。

役割の変化は、職場での異動など外的な要因でなされることもあるが、考え方や状況に対する認識を変えるだけで、役割を変えることはできる。たとえば、職場で支配欲が強いと思われている人が、他者を信頼して仕事を任せられるようにならなければならないと自覚したとしよう。この場合は、自分に対する見方を変え、「監督者」から「助言者」に役割を変えることができるはずだ。このような役割の変化、気持ちの変化によって、何もかも背負い込む人ではなく、チームのメンバーが決断を下した後に助言を求められる存在として自分を見ることができるようになる。

「7つの習慣」の中でどれがもっとも重要かという質問をよく受けるが、私の答えはこうだ。もっとも重要な習慣は、もっともつらいときに身につける習慣だ。生まれ持った自覚と良心に従えば、どの習慣にもっとも力を注ぐべきかわかるかもしれない。多くの場合、変わるための最善の方法は、一つのこと、一つの習慣を選び、その習慣に関連する小さな取り組みを継続することだ。そうすれば、自制心と自信が少しずつ強くなっていくことだろう。

「7つの習慣」が私個人に役立つことはわかりました。では、会社や組織が「7つの習慣」を実践しないとどうなりますか。

意味のある変化はすべて内側から生まれるものであり、すべては人から始まる。個人として変化していく過程であなたの影響が広まっていき、あなたの誠実さにほかの人たちの心も動かされる。こうしてあなたを取り巻く環境が徐々に変わっていくことに気づくだろう。自分を変える取り組みが軌道に乗ってはじめて、組織を変えることに取り組める。私が重視しているのは、「7つの習慣」を組織の文化に組み込み、上から下に命令する産業時代の考え方から脱却することだ。

人々の内面には今でも産業時代のマインドセットが残っている。一人ひとりが唯一無二の才能を持ち、ほかの人にはできない貢献をすることができると知りながら、人を管理できるモノとして扱い、交換可能なもの、全員同じとみなしている。財務諸表では、人はもっとも活用価値の高い資産ではなく、経費として扱われる。たとえあなたが慈愛に満ちたワンマン経営者であっても、支配していることに変わらない。これが、現在のほとんどの組織に見られる最大欠陥だ。「7つの習慣」は、このような状況を変えることができる。「7つの習慣」が浸透した組織文化は、そこにいるすべての人に力を与える。この文化では、全員がきわめて大きな価値を持つ。合唱では、テナーやソプラノのパートがアルトのパートの代わりをすることはできない。それと同じように、「7つの習慣」の文化では、メンバーが互いに補い合い、全員の生産力を活用し、一人ひとりの弱点を意味のないものにするチームが慎重に編成される。全員が必要とされるのだ。重要なのは人々を解き放ち、誰もが自分の意見を言い、自分がやりたいこと、やるべきことをきちんとできるようにすることだ。

「7つの習慣」によって変化を遂げた世界各地のチームや組織の事例を知るにつけ、とても謙虚な気持ちになる。たとえば、「7つの習慣」はメキシコの大手鉱業会社の社訓になっている。CEOから炭鉱夫まで、全員が「7つの習慣」セミナーを受けている。全員にかけがえのない価値がある。全員が結果に責任を持つことで、生産性が飛躍的に上がり、それと同時に事故率が激減した。「夫に何をしたのですか。別人のように変わりました！」と会社に電話をかけてくる奥さんもいるほどだ。今では家族全員がセミナーに参加している。

いくら素晴らしい人材が揃っていても、素晴らしい会社になれるわけではない。組織もまた、

「7つの習慣」を実践しなければならない。つまり、率先して行動し、ミッションと戦略を明確にし、常に優先順位に従って行動し、すべての関係者とのWin-Winを考え、相乗効果的に未来のための革新を起こすということだ。組織が成功するには、「7つの習慣」の枠組みの中で考えることが重要だ。「7つの習慣」の文化を構築するのはCEOだけの仕事ではなく、全員の仕事だ。この文化では、全員がリーダーなのだ。

私はこれまで、世界中の組織の文化に原則中心のリーダーシップを組み込むことに情熱を注いできた。このようなリーダーシップは、CEOだけでなく全員のためになる。真のリーダーシップは、形式的な権威ではなく、道徳的な権威に基づくものだからだ。ガンジーは生涯、公職に就くことはなかった。スー・チーとネルソン・マンデラは、良心に従ったために長年拘禁され、その経験の中で道徳的な権威を獲得した。私は一教師として生きてきた。高い責任を持つ地位に就いたことはないが、自らのミッションを果たす大きな責任を感じている。「7つの習慣」を真剣に受け止める人は誰でも、リーダーになることができる。

あなたは常に、人は自らが残す遺産について考えるべきだと教えてきました。では、あなた自身の遺産は何ですか。

個人的には、私の家族の幸せと彼らが歩む人生の質の中に私の最大の遺産があることを願っている。家族ほど、私を幸せにし、満足させてくれたものはない。私にとってもっとも大切なのは、家族だ。ある賢明な指導者は「どんな成功も、家庭での失敗を補うことはできない」と言っている。私もまったく同感だ。実際、自分の家庭の中でする仕事は、あなたがこれから行う仕事の中でもっとも素晴らしい仕事なのだ。家族は何よりも大切なものであり、私たちがこれまで費やしてきたよりも多くの時間を費やし、気を配るべきものだ。人は、仕事の戦略には何百時間もかけて事細かく考えるのに、家族の絆を強くするにはどうするか考えるとなると、ほんの少しの時間もかけようとはしない。

家庭と仕事は両立できない、というのは嘘《うそ》なのだ。どちらかしか選べないものではない。よく考えて計画を立てれば、両立できる。それどころか、一方がうまくいけば、もう一方もうまくいく。同様に、これまで家族をないがしろにしてきたとしても、家族とやり直すのに遅すぎることは絶対にない。仕事について、自分が何で有名になりたいかと聞かれれば、私の答えは簡単。子どもたちへの働きかけだ。すべての子どもはリーダーであり、そのように見られるべきだと考えている。子どもの振る舞いでその子を判断してはならない。リーダーとして見るべきであり、リーダーとして認めるべきだ。リーダーシップとは、他者の人間としての価値と可能性を認め、それをその人自身の目ではっきりと見えるようにすることなのだ。

子どもたちに生まれ持った価値と美徳を教え、自分の中にある大きな力と可能性を自覚できるように手助けすることで、次世代のリーダーを育てることができる。現在、世界中の何千もの学校が「7つの習慣」を取り入れ、自分が本当はどのような人間で、何ができるのかを子どもたちに教えているのは、喜ばしい。私たちは子どもたちに、誠実さ、問題解決能力、自制心、Win-Winの生き方を教えている。自分と違う人に不信感を抱くのではなく、歓迎するよう教えている。「刃を研ぐ」方法、成長をやめず、向上、学習し続けることを教えている。

この教育は、世界中の何千もの学校で実施されている「リーダー・イン・ミー」プログラムを通じて行われており、人気のある生徒だけがリーダーになるのではなく、全員がリーダーであることを学ぶ。優れた人格によって得られる第一の成功と才能に対する社会的評価である第二の成功の違いを学び、第一の成功を重んじることを学ぶ。選択の自由という素晴らしい贈り物を持っていること、うちひしがれた被害者や機械の歯車になる必要はないことを学ぶ。子どもたちがこれらの原則と強く結びついて成長し、他者への義務を真剣に考える責任ある市民となり、被害者意識や依存心、猜疑心《さいぎ》を持たず、保身に走ることもない、そんな未来を想像してみてほしい。そのような未来は実現可能だ。私は、その未来を実現した人として記憶されたいと思っている。

仕事に関して、今後の抱負を聞かせてください。

私は自分の本職を教師だと思っている。正式な教育を受けた後、教授になった。その仕事は大好きだった。

私自身のミッションを模索し始めたとき、『7つの習慣』をはじめとする本に書いたとおり、原則中心のリーダーシップという思想は私自身が思っていたよりもずっと大きいことを実感した。このメッセージをまとめ、広く伝えるための組織をつくらなければ、私の死後、その重要性と意義が失われてしまうかもしれないと思ったのだ。

そこで会社を起こし、原則中心のリーダーシップを世界中に広める仕事に乗り出した。コヴィー・リーダーシップ・センターとして始まった会社は、後にフランクリン・クエストと合併し、フランクリン・コヴィーとなった。当社のミッションは、原則中心のリーダーシップの実践を通じて、世界中の人々、組織、社会の素晴らしさを引き出すこと。当社は現在、世界一四〇カ国以上で事業を展開している。私は、この組織のミッション、ビジョン、価値観、業績を誇りに思っている。まさに私が望んでいたとおりのことを行っている。何より、フランクリン・コヴィーは、私にも、ほかの何にも依存しておらず、私の死後もずっとこの仕事を続けていくことだろう。

あなたからのもっとも重要な最後のメッセージは、「クレッシェンドの人生を生きる」ことだとおっしゃっていますが、どのような意味ですか。

自分にとってもっとも重要な仕事は常にまだ先にあるということだ。後ろにあるのではない。自分にとって重要なことへの取り組みを常に拡大し、深めていくべきだ。引退は間違った考え方だ。仕事から引退したからといって、有意義な活動や貢献までやめてしまってはいけない。

「クレッシェンド」とは音楽用語で、次第に音量を上げていき力強く演奏することを意味する。反対語は「ディミヌエンド」で、これは「次第に弱くする」こと。後ろに下がり、安全策を取り、受け身になって人生を終えていくことだ。だから、クレッシェンドの人生を生きなければならない。この考え方を意識して生きなければならない。あなたがこれまでに何を成し遂げていても、あるいはまだ成し遂げていなくても、なすべき重要な貢献はあるはずだ。バックミラーを見るように過去を振り返りたい誘惑に打ち勝って、希望を持って前を見なければならない。今、娘のシンシアと『クレッシェンドの人生』という本を書いているが、とても楽しい。

年齢や地位に関係なく、「7つの習慣」に従って生きれば、貢献が終わることは決してない。もっと興味をかき立てるチャレンジ、より深い理解、もっと激しいロマンス、より意味のある愛など、常に上を追い求め続けよう。過去に成し遂げたことに満足していても、次の大きな貢献は常に見えてくる。築くべき人間関係があり、奉仕すべき社会がある。家族の絆を強くする必要があるかもしれないし、解決しなければならない問題が発生するかもしれない。得るべき知識もあるだろうし、傑作ができるのはこれからかもしれない。最高の仕事は常にまだ先にあるのだ。以前、私の娘の一人が、『7つの習慣』を書いたら、世界に影響を与える仕事は終わるのかと聞いてきたことがある。私の答えに娘はとても驚いたようだ。「自分を買いかぶるつもりはないが、最高の仕事はこれからだと心の底から信じている」と私は答えたからだ。

スティーブン・R・コヴィーは、約一〇冊の著作に全面的にかかわっていた中、二〇一二年七月一六日、七九歳でこの世を去った。彼は一般的な意味で引退することなく、「クレッシェンド」で人生を終えた。その思想の影響は、ますます速度を上げて世界中に広まり続け、世界中の学校に通う子どもたち、経営幹部、多くの人々の人生を変えており、私たちは彼とともに、自分の最高の仕事はこれからだ、という言葉を信じている。

脚注

1. http://usatoday30.usatoday.com/news/nation/story/2014-04-07/titanic-rearrange-deck-chairs/54084648/1

2. Walter Lord, A Night to Remember, Holt Paperbacks, 2004,36
ウォルター・ロード著『タイタニック号の最期』（佐藤亮一 訳。筑摩書房）

3. Stephen R. Covey, The 7 habits of Highly Effective People, Simon & Schuster, 2013, 22
スティーブン・R・コヴィー著『完訳７つの習慣　人格主義の回復』（フランクリン・コヴィー・ジャパン訳。キングベアー出版）

4. 以下を参照。Jessica Lahey, "The Benefits of Character Education," The Atlantic, May 6 2013. http://www.theatlantic.com/national/archive/2013/05/the-benefits-of-character-education/275585

5. Paul Tough, How Children Succeed, Houghton Mifflin harcourt, 2013, xix
ポール・タフ著『成功する子 失敗する子──何が「その後の人生」を決めるのか』（高山真由美訳。英治出版）

6. N.F. Ruedy, F. Cino, C. Moore, M.E. Schweitzer, "The Cheater' s High: The Unexpected Affective Bemefits of Unethical Behavior," Journal of Personality and Social Psychology, 2013, vol. 105, no. 4, 531-548

7. Christopher Peterson, Martin Seligman, Character Strengths and Virtues: A Handbook and Classification, Oxford University Press, 2004, 5

8. 『完訳７つの習慣　人格主義の回復』参照

9. Charles E. Hummel, The Tyranny of Urgent, IVP Books, 1994, 6

10. Benjamin Franklin, Autobiography, Houghton-Mifflin, 1896
ベンジャミン・フランクリン著『フランクリン自伝』（松本慎一／西川正身訳。岩波書店）

11. 以下を参照。Albert E. Gray, "The Common Denominator of Success," http://www.kordellnorton.com/Nort%20Notes/Nort%20Notes%-%20Common_Denominator%20by%20Gray.htm

12. Marianne Williamson, A Return to Love: Reflection on the Principles of "A Course in Miracles," HarperOne, 1996, 190
マリアン・ウィリアムソン著『愛への帰還──光への道「奇跡の学習コース」』（大内博訳。太陽出版）

著者について

スティーブン・R・コヴィーは、リーダーシップ論の権威、家族問題のエキスパート、教育者、組織コンサルタント、作家として世界的に知られ、家庭と組織を築くための原則中心の生き方とリーダーシップを教えることに生涯を捧げた。ハーバード大学で経営修士号、ブリガム・ヤング大学で博士号を取得し、同大学で組織行動学と経営学の教授、教務責任者、学長補佐を務めた。

コヴィー博士は数々の名著を遺《のこ》しており、中でも世界的なベストセラーとなった『7つの習慣 人格主義の回復』は、二一世紀でもっとも影響力のあるビジネス書の第一位に輝き、また歴史上もっとも影響力のあるビジネス書のトップ一〇冊に入っている。同書は世界三八ヵ国語に翻訳され、販売部数三〇〇〇万部を記録。ほかにも『7つの習慣 最優先事項』『原則中心リーダーシップ』『7つの習慣 ファミリー』など多数のベストセラーがあり、販売部数は合計で三五〇〇万部余に上る。

九人の子どもの父親、四三人の孫の祖父として、全米ファーザーフッド・イニシアチブより「二〇〇三年度父親業賞」を受賞。コヴィー博士自身、これは生涯でもっとも意味のある受賞と語っている。ほかにも、人道への長年の貢献に対して「トーマス・モア・カレッジ・メダリオン」、「一九九九年度講演家賞」、「シークス一九九八年度国際平和賞」「一九九四年度国際企業家賞」「全米起業家リーダーシップ功労賞」などを受賞。『タイムズ』誌より、もっとも影響力のあるアメリカ人二五人の一人に選ばれ、七つの名誉博士号も授与されている。

世界一二三ヵ国に進出している国際的なプロフェッショナルサービス企業フランクリン・コヴィー社の共同創設者、副会長として活動した。フランクリン・コヴィー社は、創業者コヴィー博士のビジョン、克己心、情熱を体現し、世界中の個人と組織の変化、成長を鼓舞、促進し、そのためのツールを提供している。

フランクリン・コヴィー社について

フランクリン・コヴィー社は、戦略実行、顧客ロイヤリティ、リーダーシップ、個人の効果性の分野において、コンサルティングおよびトレーニング・サービスを提供するグローバル・カンパニーです。顧客には、米国の『フォーチュン』誌が指定する最優良企業上位一〇〇社のうち九〇社、同じく五〇〇社の四分の三以上が名を連ねるほか、多数の中小企業や政府機関、教育機関も含まれています。フランクリン・コヴィー社は、世界四六都市に展開するオフィスを通して、一四七カ国でプロフェッショナル・サービスを提供しております。

トレーニング提供分野：

- リーダーシップ
- 戦略実行
- 知的生産性
- 信頼
- 営業パフォーマンス
- 顧客ロイヤリティ
- 教育

詳しくは、弊社Ｗｅｂサイト（www.franklincovey.co.jp）をご覧ください。

プライマリー・グレートネス

幸福で充実した人生のための12の原則

2016年9月8日　初版第一刷

著　者　スティーブン・R・コヴィー
訳　者　フランクリン・コヴィー・ジャパン
装　丁　重原 隆
発行者　正木 晃
発行所　キングベアー出版
〒102-0075
東京都千代田区三番町5-7　精糖会館7階
電　話　03-3264-7403（代表）
URL　http://www.franklincovey.co.jp/

印刷・製本　大日本印刷株式会社
ISBN 978-4-86394-063-5